中国文化遗产

ZHONGGUO WENHUA YICHAN

文物保护装备标准汇编（三）

文物保护装备产业化及应用协同工作平台 编

文物出版社

图书在版编目（CIP）数据

文物保护装备标准汇编．三／文物保护装备产业化
及应用协同工作平台编 ．—北京：文物出版社，
2020.9

ISBN 978 - 7 - 5010 - 6725 - 1

Ⅰ．①文…　Ⅱ．①文…　Ⅲ．①文物保护 - 工艺装备 -
国家标准 - 汇编 - 中国　Ⅳ．①K87 - 65

中国版本图书馆 CIP 数据核字（2020）第 122880 号

文物保护装备标准汇编（三）

编　　者：文物保护装备产业化及应用协同工作平台

责任编辑：李　睿
封面设计：王文娴
责任印制：张　丽

出版发行：文物出版社
社　　址：北京市东直门内北小街 2 号楼
邮　　编：100007
网　　址：http：//www.wenwu.com
邮　　箱：web@ wenwu.com
经　　销：新华书店
印　　刷：北京京都六环印刷厂
开　　本：880 × 1230　1/16
印　　张：7.5
版　　次：2020 年 9 月第 1 版
印　　次：2020 年 9 月第 1 次印刷
书　　号：ISBN 978 - 7 - 5010 - 6725 - 1
定　　价：80.00 元

目　录

前　言

我国是拥有五千年灿烂文化的文明古国，也是文化遗产大国。长期以来，党和国家高度重视文物的保护和传承利用，习近平总书记站在实现中华民族伟大复兴中国梦的战略高度，多次对加强文物保护做出重要指示和批示。近期，国务院下发《关于进一步加强文物保护工作的指导意见》，对今后一个时期的文物保护工作做出重要部署。

2012 年起，为改变我国文物保护长期以来缺乏专有装备、现代化水平低的现状，国家文物局与工业和信息化部按照"共同协商、共同指导、共同支持"的原则，以"制造商 + 用户"、"产品 + 服务"的创新模式，积极推进高端制造业与文物、博物馆行业的跨界融合，一批技术先进、品质优良的文物保护装备产品和企业应运而生，通过保护装备的应用，大批文物得到科学有效地保护，文物保护领域的现代化进程也得以加快。行业的健康发展、规范管理和保质增效离不开标准化建设，为此"文物保护装备产业化及应用协同工作平台"（以下简称：协同平台）组织文博单位、科研院所、龙头骨干企业开展了文物预防性保护装备标准的研究制定工作。《文物保护装备 智能特性通用技术要求与评估》等 11 项标准经"全国文物保护标准化技术委员会文物保护专用设施分技术委员会"审查，协同平台理事会审议批准，于 2020 年 6 月 3 日正式发布。

为加强标准的推广应用，提高产品质量，促进行业规范管理，现将上述 11 项标准汇编成册付梓出版，供文物预防性保护工程的方案设计、评审、招投标、实施和验收，以及产品的设计制造、检验检测等使用。

I

文物保护装备
产业化及应用协同工作平台文件

文装平台〔2020〕1号

关于发布《文物保护装备 智能特性通用技术要求与评估》等11项文物保护装备产业化及应用协同工作平台标准的公告

各会员单位：

根据《文物保护装备产业化及应用协同工作平台标准制修订管理办法》的规定，经全国文物保护标准化技术委员会文物保护专用设施分技术委员会审查，2019年12月7日文物保护装备产业化及应用协同工作平台理事会批准，现发布《文物保护装备 智能特性通用技术要求与评估》等11项标准。

特此公告。

附件：《文物保护装备 智能特性通用技术要求与评估》等11项标准清单

此页无正文

文物保护装备产业化及应用协同工作平台

2020 年 6 月 3 日

附件：

《文物保护装备　智能特性通用技术要求与评估》等 11 项标准清单

序号	编号	标准名称	制定/修订
1	T/WWXT 0031—2020	《文物保护装备　智能特性通用技术要求与评估》	制定
2	T/WWXT 0032—2020	《馆藏文物展藏　智能碳纤维壁画保存展示盒　技术要求》	制定
3	T/WWXT 0033—2020	《博物馆库房及展厅恒温恒湿净化系统　技术要求》	制定
4	T/WWXT 0034—2020	《馆藏文物养护　蒜素熏蒸消毒剂　技术要求》	制定
5	T/WWXT 0035—2020	《馆藏文物保存环境监测　数据评估报告编写规范》	制定
6	T/WWXT 0036—2020	《馆藏文物运输过程监测　监测系统　应用要求》	制定
7	T/WWXT 0037—2020	《馆藏文物运输过程监测　监测终端　定位》	制定
8	T/WWXT 0038—2020	《馆藏文物运输过程监测　监测终端　温湿度》	制定
9	T/WWXT 0039—2020	《馆藏文物运输过程监测　监测终端　振动》	制定
10	T/WWXT 0040—2020	《文物保护装备　智能特性评估　智能展柜》	制定
11	T/WWXT 0041—2020	《博物馆展柜玻璃》	制定

T/WWXT

文物保护装备产业化及应用
协同工作平台标准

T/WWXT 0031—2020

文物保护装备 智能特性通用技术要求与评估

Cultural relics conservation equipment – General technical requirements and the evaluation of intelligence features

2020-6-3 发布

文物保护装备产业化及应用协同工作平台 发 布

前　言

本标准按照 GB/T 1.1—2020 给出的规则起草。

本标准由文物保护装备产业化及应用协同工作平台提出并归口。

本标准主要起草单位：机械工业仪器仪表综合技术经济研究所、上海博物馆、敦煌研究院、四川博物院、陕西历史博物馆、浙江大学、重庆声光电智联电子有限公司、西安元智系统技术有限责任公司。

本标准主要起草人员：方毅芳、宋彦彦、吴亚平、徐方圆、刘刚、张孜江、马艺蓉、董亚波、张茂成、全定可。

本标准为首次发布。

文物保护装备 智能特性通用技术要求与评估

1 范围

本标准规定了文物保护装备智能化相关的术语、基本要求、其他要求。

本标准适用于文物保护领域的智能装置、智能设备及智能终端的智能化通用技术要求。

2 规范性引用文件

下列文件对于本文件的应用是必不可少的。凡是注日期的引用文件，仅所注日期的版本适用于本文件。凡是不注日期的引用文件，其最新版本（包括所有的修改单）适用于本文件。

GB/T 5271 28—2001 信息技术 词汇 第28部分 人工智能 基本概念与专家系统

GB/T 17178—2010 信息技术 开放系统互连 一致性测试方法和框架

3 术语和定义

下列术语和定义适用于本标准。

3.1

文物保护装备 heritage protection equipment

用于文物保护和利用，服务于文物考古发掘、收藏、研究、教育等领域的专用技术装备。

3.2

智能特性 intelligencecharacteristics

能够完成预定功能、任务，且能表现出与智能（如推理和学习）相类似的各种特征。

智能特性分为感知、监测与控制（监控）、适应与优化、互联互通、交互与协同、数据与信息服务、人工智能、新型商业模式等方面。

1 注：改写 GB/T 5271 28—2001，定义28.01.02。

3.3

智能功能 intelligent function

装备（或系统）实现智能特性的功能，包括装备本体的系统功能，及借助智能辅助系统而实现的功能。

3.3

智能等级 intelligence level

智能装备（或系统）具备有效实现智能化的能力。

依据具备智能特性、智能功能的不同程度，可以分为不同的智能等级。

4 基本要求

4.1 一般要求

智能装备应首先符合非智能装备现行标准的有关规定，包括安防、消防环境适应性、安全性、可靠性、能效等，并满足如下一项或多项智能特性要求：

智能装备的智能特性主要包括：

——感知

——监测与控制

——适应与优化

——互联互通

——交互与协同

——数据与信息服务

——人工智能

——新型商业模式

依据智能功能所体现的智能特性的不同程度，可以进行不同装备的智能等级的测评。

4.2 感知

4.2.1 概述

基于自动识别、泛在互联与数据通信技术，能够实现对自身状态、内部与外部环境变化的感知。包括数据采集与测量、智能信息处理两部分。

数据采集与测量包括依据物理型、化学型、生物型感知。

4.2.2 感知技术要求

4.2.2.1 数据获取要求

具有支持数据获取的传感元件。

4.2.2.2 数据采集要求

数据采集支持模拟量、频率的数字化转化及数字量采集。数据采集要求包括：

a）时效性要求，主要包括感知的实时性与有效性，指在可接受或被允许的时间范围内通过采集、传输等步骤，向用户提供有价值的属性、数据、信息，即感知当时有效的数据而非过时数据。

b）完整性要求，指设备、装置、终端感知的属性、数据、信息范围应覆盖需感知的时间、空间或过程，感知范围分为无覆盖、关键检测环节、覆盖产品全生命周期等不同程度。

c）准确性要求，指设备、装置、终端感知的属性、数据、信息在可接受或被允许的范围内能准确反映感知对象的真实状态。

d）分辨率要求，指设备、装置、终端感知的属性、数据、信息在可接受或被允许的范围内能分辨感知对象出现的变化。

e）灵敏度要求，指设备、装置、终端在稳态工作下感知的属性、数据、信息在可接受或被允许的范围内能反映感知对象的变化幅度。

f）稳定性要求，指设备、装置、终端能在可接受或被允许的条件下保证稳态工作状态并获取感知对象的属性、数据、信息。

4.2.2.3 信息处理要求

智能装备在信息处理要求包括：

a）及时性要求，指设备、装置、终端对通过感知得到的信息进行处理的过程非常迅速，保证信息及时有效。

b）一致性要求，指设备、装置、终端在对感知得到的信息进行处理时，保证处理后得到的结果与检测到的信息是一致的。

c）可靠性要求，在给定时段和给定条件下，功能单元履行所要求功能的能力。

d）耐用性要求，在给定的使用与维护条件下，功能单元履行所要求功能直至达到极限状态的能力。

4.3 监测与控制

4.3.1 概述

基于感知、适应与优化的数据处理结果，进行监测与监控的相关功能。包括内部自身运行状态信息的监测、外部运行工况信息监测、远程监测等。

4.3.2 监测与控制要求

4.3.2.1 时效性

发生故障后，监测与监控系统应具备在最短时间内检测到故障的能力。

4.3.2.2 灵敏度

应具备对微小故障信号的检测能力。监测与监控系统能检测到的故障信号越小则灵敏度越高。

4.3.2.3 误报率

指实际没有发生故障却被错误检测出发生故障。监测与监控系统应具备有效降低误报率的能力。

4.3.2.4 漏报率

指发生故障却没有被检测出来。监测与监控系统应具备有效降低漏报率的能力。

4.3.2.5 辨识能力

指监测与监控系统辨识故障大小和时变特征的能力。辨识能力越强则监测与监控系统对故障的辨识越准确，对故障的评价和维护就越容易。

4.3.2.6 故障诊断抗干扰能力

监测与监控系统在存在噪声、温度等干扰情况下，正确完成监测与监控任务，同时保持低误报率和漏报率的能力。

4.3.2.7 故障预警及报警能力

监测与监控系统能以多种方式（视觉、听觉、触觉等）对预测故障和故障进行及时准确的预警或报警。

4.3.2.8 故障维护及提示时效性

故障诊断系统在诊断出预测故障或故障后，维护系统在最短时间完成自动维护或维护提示的能力。

4.3.2.9 监测与监控提示的准确性

维护系统能够对预测维护、计划维护、故障维护准确提示维护时间、维护部位、维护措施的能力。

4.3.2.10 故障预测

根据观察、感觉或测量到的信号（如噪声、振动、发热、裂纹或电量的改变等），预测设备有无状态异常或故障趋势。

4.3.2.11 现场自动在线维护或维护提示

采用维护保养系统等措施方法，实现装备对自诊断的预测故障及故障进行现场自动在线维护或维护提示功能，维护提示一般应包括预测维护自动提示、计划维护自动提示和故障维护自动提示等。

4.3.2.12 远程协作监测与监控

具有网络通信功能，可通过网络进行远程协作维护或维护提示。

4.3.2.13 人机界面

现场操作者或远程监控软件对故障状态、维护信息的可访问性，故障信息及维护信息能够及时准确显示和表达。

4.4 适应与优化

4.4.1 概述

能够根据感知的信息调整自身的运行模式，使自身处于最优状态。适应与优化分为工作环境自适应、操作自适应和功能自适应。

4.4.2 适应与优化技术要求

4.4.2.1 自动补偿

设备、装置、终端在可接受或被允许的范围内对外部环境因素（温度、湿度、灰尘、静电）以及内部功能变化自动进行补偿，保证性能的稳定性与可靠性，如：温度湿度补偿、压力补偿等。应具有：

a）根据对外部环境自动测量的结果，发出指令自动进行的补偿。

b）根据对自身运行状态监测的结果自动进行的补偿。

4.4.2.2 容错功能

根据外部环境、内部运行的变化而引发的硬件故障与软件错误，基于容错技术进行调整与预防以保持正常运行与使用的能力。设备、装置、终端在不中断正常运行、使用的情况下，应具有：

a）预防硬件故障与软件错误中的功能，如冗余、故障屏蔽、故障限制等；

b）从硬件故障与软件错误中恢复的功能，如系统重构、修复重启等。

4.4.2.3 鲁棒性

鲁棒性指设备、装置、终端在复杂的应用环境中保持预设功能的能力。在输入值极高时，这些输入条件有些在的控制范围内（如材料属性），另外一些则受制于外部因素（例如文物特征、管理者需求），依靠稳定的优化与控制，使装备在多维条件下稳定运行。

4.4.2.4 快速性

快速性产品、设备在可接受或被允许的时间范围内通过信息收集，环境监测，任务分析等，快速调整自身状态，在当前状态下保持自身功能稳定。

4.4.2.5 预测功能

利用现实数据与知识进行分析和优化，实现与环境相适应和预知能力。在适应外部环境的基础之上，依据现实数据与智能算法进行分析，实现预测环境变化趋势，增加装备的适应能力。

4.5 互联互通

4.5.1 概述

通过标准数据结构和开放数据接口等，实现装备与（子）系统、制造设备、零部件之间的数据传送和功能集成。包括协议互联互通、数据互联互通、语义互联互通、功能互联互通：

——协议互联互通。指传输层通信协议的互联互通。它要求同一类型的不同智能装备能够通过相同的通信协议实现应用数据的交互。

——数据互联互通。指表示层数据格式的互联互通，它要求构建统一的数据格式规范，不同智能装备能够通过相同数据格式实现应用数据的交互。

——语义互联互通。指应用层数据格式的互联互通，它要求能够遵守、实现统一的互联互通信息模型与语法语义规则，不同智能装备能够直接实现全部信息的交互。

4.5.2 互联互通技术要求

4.5.2.1 兼容性

不同互联互通等级的兼容性技术要求包括：

a）通信协议兼容性：

　　1）通信栈包含的通信行规的子集数。通信协议与行规参考标准 IEC 61158 与 61784；

　　2）指通信协议的兼容性。

b）硬件兼容：

　　1）支持共同的机械和电气接口，如：DIN、3U、4～20mA 等；

　　2）硬件兼容性要求具有固定的硬件平台，能够为上层应用提供相应的接口等。

c）软件兼容：

　　1）支持共同的软件模型，如：COM、DCOM、ActiveX 等；

　　2）软件兼容性要求运行在硬件的软件功能具有兼容性，即同一套软件能实现不同类型的功能控制逻辑。

　　3）数据兼容：访问不同数据结构或数据类实现的操作对象。

4.5.2.2 互操作性

装备、系统、数据之间相互提供和接受服务，从而使其能够有效共同运行的能力。智能装备应提供互操作性的接口。

不同厂商的装备产品在相同应用环境下的互换性，可分为同一协议和不同协议之间的互换。如：在不更改上位监控软件的情况下就可对不同厂商的下位仪表进行寻址和组态。

互操作性可分为以下几层：

a）功能的互操作性

功能的互操作性是指不同装备、系统的功能能够相互验证。

——实体的互操作性

实体的互操作性是指不同装备、系统之间的数据、信息能够相互交换与验证。

——集成的互操作性

集成的互操作性是指不同装备、系统在集成环境下的数据、功能能够相互验证。

4.5.2.3 通信一致性

不同设备、装置、终端、系统在相互通信过程中符合可用协议规范的一致性要求，包括静态通信一致性与动态通信一致性的要求。

本部分符合 GB/T17178 中关于通信一致性的要求。

4.5.2.4 自组织网络

对于自动寻址和组网的功能要求。

4.5.2.5 双向通信

网络或通信节点间的对等通信。在现场总线中表现为介质访问控制的非唯一。

4.6 交互与协同

4.6.1 概述

能够实现装备与装备、装备与系统、装备与用户之间的高效对话，快速、准确地满足用户信息交互需求，以及设备、装置终端接受与理解操作者、用户，实现高效人机交互、人机协同的能力。

交互包括命令语言用户界面、图形用户界面（GUI）、多媒体用户界面、多通道用户界面、虚拟现实等类型。交互与协同的主要的输入通道有：键盘、鼠标、语音和自然语言、手势、书写、眼动。

协同包括人机协同、基于静态或动态任务分配的机器协同等。

4.6.2 技术要求

4.6.2.1 概述

应符合 GB/T 18031—2000、GB/T 19246、GB/T 29799、ISO/IEC 30109、ISO/IEC 13066 中关于人机交互的技术规定。

在满足上述标准内容基础上，还应满足如下要求。

1）有效性

装备能否实现一定的功能以及交互界面能否有效支持既定功能。

2）交互效率或易用性

装备交互功能对用户是否易于学习和使用，包括交互过程的安全性、用户绩效、出错频率，以及易学性等因素。

3）用户满意度

用户对交互过程的满意程度。

4）信息无障碍性

装备通过硬件或软件功能保证任何人（健全或残疾、年轻人或老年人）在任何情况下都能平等、方便、无障碍地进行人机交互，如获取信息、利用信息、完成操作等。

5）安全性

装备具备一定的防护等级，不会对协作区域内的人或机器造成损害。

6）同步性

装备具备一定的同步机制，能够准确的按照固定的节拍和时间与其他产品、装备进行协同。

7）实时性

装备通信及响应具备一定的实时性，通信及信息交互无明显延迟。

4.7 数据与信息服务

4.7.1 概述

采集智能装备在生产、使用各环节关键流程节点、环节的数据与信息，实现文物保护设备在集成、运行、维护、服务等不同环节的信息可溯源、深度挖掘等增值管理。包括信息溯源服务、用户行为分析、预测维护等。

4.7.2 数据与信息服务技术要求

4.7.2.1 精确性

在规定时间内提供数据、信息，并及时更新。

4.7.2.2 数据源与数据量

达到能够分析与处理的数据量，且考虑多维度、多源异构数据的分析

4.7.2.3 可获取性

能够便捷、迅速地获取所需的数据、信息。

4.7.2.4 安全性

能够保证信息安全与网络安全。

4.7.2.5 数据加工深度

根据用户、场景的需求，完成数据的深层加工与可视化展示。

4.8 人工智能

4.8.1 概述

能够结合装备运行数据或用户使用习惯数据，支撑装备制造商、用户进行数据分析与挖掘，实现创新性应用；或能够实现已有的操作经验、运行轨迹等而形成新的结构、控制与行为的能力。如文物保护装备的预测性维护、自主协同控制等功能。

4.8.2 技术要求

4.8.2.1 学习

智能装备可以从使用者或者输入数据中获取知识。

4.8.2.2 知识推理

智能装备可具有从已知事实出发，运用学习到的相关知识，逐步推出结论或证明某个假设成立或不成立的思维过程。

4.8.2.3 模型推断

智能装备可具有根据已经训练完成的深度学习模型，进行输入分类、匹配和推断的能力。

4.8.2.4 决策

智能装备能够依据推理结果，主动的对各种请求或命令做出反应。

4.8.2.5 记忆（丰富的知识库积累）

可以根据任务需求，从训练过程中学习到的知识库及模型库中，有目的、快速唤醒相关知识和模型参数的能力。

4.9 新型商业模式

4.9.1 概述

装备的制造方、使用方等呈现出了由单纯销售、使用产成品延伸到了提供服务混合包的明显趋势，也就是将装备产品与服务相结合以向终端用户不断提供新的价值增长点。如，结合图像识别、增强现实等技术，实现虚拟交互、文创制造等。

4.9.2 技术要求

4.9.2.1 可个性化定制

支持用户将需求体现在指定的装备产品上，用户获得自己定制的个人属性的商品或获得与其个人需求匹配的装备产品或服务。

4.9.2.2 可远程保护修复

支持远程维护，指通过局域网络或 Internet 网络连接到需要进行维护管理的目标计算机或网络系统，在本地对远程系统进行安装、配置、维护、监控以及管理等操作。

4.9.2.3 可远程升级

支持远程升级（更新），指通过局域网络或 Internet 网络连接到需要进行维护管理的目标计算机或网络系统，在本地对远程系统进行软件或硬件配套辅助系统进行版本与功能的更新、升级等操作。

4.9.2.4 可远程在线监控

应采用基于网络的故障诊断系统方法等措施方法，实现智能装备预测故障及故障的远程协作在线诊断功能。

4.9.2.5 预测性维护

通过设备性能、环境状态的监控与智能分析，预测潜在的问题和最佳的维护时间，实现预测维护计划。

4.9.2.6 云服务模式

利用服务网络，支持远程监控、系统升级、远程诊断、个性化服务等。

5 其他要求

基于使用原理、用途的多样性、差别性，智能装备应当具备的特殊要求。

6 评估方法

6.1 评估流程

对智能特性的评估流程按照如下图进行：

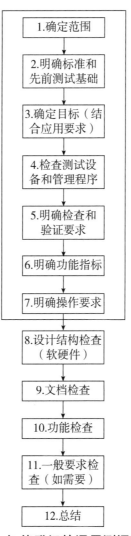

图 1 智能登记的通用测评流程

流程解释如下表所示：

表1 智能特性评估流程说明

	阶 段	工 作	输 出	备注
1	确定范围	确定产品组成（软硬件）和边界（接口）	产品描述（框图；说明；使用说明书；用户手册）	
2	明确标准	确定应用的标准和规范	标准规范清单（项目标准；国标/国际/行标/企标）	
3	确定目标	确定验证的目的和等级要求	相关记录（如通信/会议纪要）	
4	检查条件	明确测试地点、环境、设备、工装、人员	验证计划	
5	明确要求	明确测试周期、任务安排		评估文档应至少包括：序号、版本号、代码、标题、修订日期、评估得分报告
6	明确指标	明确功能要求	验证案例	
7	明确操作	明确验证过程中的作业规范	验证规范	
8	设计审查	对功能作设计评审		
9	文档检查	检查上述步骤的文档准备情况	文档检查表	
10	功能验证	实际检测功能的实现情况	测试报告	
11	共性检查	如果需要的话考察一般性要求（安全、可靠性、能效果等）	测试报告或有效期内的资质文件	
12	专家评估	评测组、被测企业、同行专家共同完成智能等级评估	相关记录（如通信/会议纪要）	
13	分析总结	根据评审和检测结果给出综合性结论（包含等级）	评估报告	

6.2 评估方法

结合不同智能特性所对应的权重，对各智能特性进行分项评估，并最终加总得到智能等级的综合评估结果。计算过程如下表所示：

表2 智能特性评估表

智能特性要素	重要程度（α，%）	得分（X_i）	单项得分（Z_i）
感知			
监测与控制			
适应与优化			
互联与集成			
交互与协同			
数据与信息服务			

智能特性要素	重要程度（α，%）	得分（X_i）	单项得分（Z_i）
人工智能			
新兴商业模式			
合计	100		Z

说明：

1）不同产品各项要素的权重不同；

2）每项智能特性要素的评价（X_i）项满分为 0~100 分，没有负分。

各智能特性单项得分计算公式为：

$$Z_i = \alpha_i \sum_m X_{im} \tag{1}$$

智能登记总得分计算公式为：

$$Z = \sum_i Z_i \tag{2}$$

式中：

α_i ——第 i 项智能特性要素的重要程度权重

X_{im} ——第 i 项智能特性的第 m 项评估（测试）要求得分，$m \geq 1$

附录 A
（资料性附录）
智能展柜、储存柜的智能特性分析

A.1 总体介绍

展柜是文物展陈与文物保护的主要设备。智能展柜、储存柜需要满足文物的基本保存要求的基础上，提供智能化功能。如微环境数据（湿度、温度、微生物检测、pH 值）、安防、防震等。

A.2 智能特性对比

表 A.1 智能展柜与传统展柜对应要素对比表

序号	对应要素	不同点	低智能等级	高智能等级
1	感知	信息自动化采集	无	可以通过传感器获得大量数据信息并存储
		信息采集方式	人工采集	自动、在线采集
		自动校准	无	自动、在线校准
		信号采集类型不同	采集信息较少	温湿度、CO_2、VOC、光照度、紫外线辐射、有机/无机/含硫污染物监测，等
2	监测与控制	监测内容、功能不同	监测内容简单	在线实时实现对监测与诊断，如：温湿度、震动、光照、紫外线、声音、位移等监测，以及视频、红外、玻璃破碎等安防监测。
		在线诊断、提示或报警	无法在线提示、报警	在线诊断，支持多种方式提示。
3	适应与优化	控制方式不同	人为、手动控制	自动化控制 如：灯光控制、湿度调控
		控制规则不同	人工经验性控制，靠经验确定控制边界条件	针对不同类型文物的精准控制； 结合监测数据确定控制/调控参数
		控制性能指标不同	控制性能要求简单，实现基本安防、存放、保存。	要求保存、存放环境最优化控制：湿度控制的时间响应要求不同，避免超调； 净化 VOC、颗粒物等有机/无机/含硫污染物； 智能控制光照度、紫外线辐射。
		控制范围不同	柜内空间的控制	与展陈环境系统的协调适应，如： 灯光智能控制、如人来灯灭或变强

序号	对应要素	不同点	低智能等级	高智能等级
4	互联互通	内部系统互联互通	不同功能独立	展柜内各类监测设备与展柜控制系统自动连接。 如：灯光调控、调湿机与展柜监测系统实现连接。
		外部系统互联互通	无法集成联通	展陈环境与展柜系统的智能集成与互联。 如：安防系统、展陈内空调系统与展柜监控系统。
5	数据与信息服务	数据分析、处理功能	无	连接在线监测系统，结合积累监控数据，能够提供趋势分析报告
6	交互与协同	信息交互方式不同	无	指示灯、LED数码显示或液晶显示等显示装置，可显示文物信息；与观众互动的功能，包括：智慧导览系统、AR/VR等
7	人工智能	/	无	能实现各种复杂运算，对测量数据进行整理和加工处理 例如：故障诊断与预测性维护、周围环境监测与调控、展柜系统内的运行优化等。
8	新型商业模式	公众教育与文化传播，及电子商务等	传播方式简单	虚拟现实、多感官交互等技术，参观者实现智能互动； 人脸识别、用户画像技术，实现广告推送，智能推送；智慧导览，辅助人员分流。

参考文献

[1] GB/T 16571 博物馆和文物保护单位安全防范系统要求

[2] GB/T 36111 文物展柜基本技术要求及检测

[3] WW/T 0016 馆藏文物保存环境质量检测技术规范

[4] WW/T 0016 馆藏文物预防性保护方案编写规范

T/WWXT

文物保护装备产业化及应用协同工作平台标准

T/WWXT 0032—2020

馆藏文物展藏 智能碳纤维壁画保存展示盒 技术要求

Exhibition and conservation of museum collected cultural relics – Preservation and display box of intelligent carbon fiber murals – Technical requirements

2020-6-3 发布

文物保护装备产业化及应用协同工作平台 发 布

前　言

本标准依据 GB/T 1.1—2020 给出的规则起草。

本标准由文物保护装备产业化及应用协同工作平台提出并归口。

本标准起草单位：重庆声光电智联电子有限公司、陕西历史博物馆、上海博物馆、天一阁博物馆、甘肃省考古研究所、四川博物院、西安元智系统技术有限责任公司、机械工业仪器仪表综合技术经济研究所。

本标准主要起草人：马艺蓉、张群喜、梁彦民、张茂成、张磊、吴来明、徐方圆、张亮、赵旭腾、陈国科、邓天珍、张孜江、邓宏、全定可、冯夏维。

本标准为首次发布。

馆藏文物展藏 智能碳纤维壁画保存展示盒 技术要求

1 范围

本标准规定了馆藏文物展藏和运输使用智能碳纤维壁画保存展示盒（以下简称壁画盒）的基本参数、工作条件、技术要求、试验方法、检验规则、包装、标识、运输和贮存。

本标准适用于馆藏壁画保存、运输、展示专用装具的设计、制作和应用。

2 规范性引用文件

下列文件对于本文件的应用是必不可少的。凡是注日期的引用文件，仅所注日期的版本适用于本文件。凡是不注日期的引用文件，其最新版本（包括所有的修改单）适用于本文件。

GB/T 1034—2008 塑料 吸水性的测定

GB/T 1804 尺寸公差

GB/T 2411—2008 塑料和硬橡胶 使用硬度计测定压痕硬度（邵氏硬度）标准

GB/T 2829—2002 周期检验计数抽样程序及表

GB/T 3354—2014 定向纤维增强聚合物基复合材料拉伸性能试验方法

GB/T 3356—2014 定向纤维增强聚合物基复合材料弯曲性能试验方法

GB/T 4208—2017 外壳防护等级（IP 代码）

GB/T 6343—2009 泡沫塑料及橡胶表观密度的测定

GB/T 6344—2008 软质泡沫聚合材料拉伸强度和断裂伸长率的测定

GB/T 6669—2008 软质泡沫聚合材料 压缩永久变形的测定

GB/T 8168—2008 包装用缓冲材料静态压缩试验方法

GB/T 8811—2008 硬质泡沫塑料 尺寸稳定性试验方法

GB/T 10297—2015 非金属固体材料导热系数的测定热线法

GB/T 10808—2006 高聚物多孔弹性材料撕裂强度的测定

JC/T 2170—2013 太阳能光伏组件用减反射膜玻璃

T/WWXT 0008—2015 馆藏文物预防性保护装备 可靠性鉴定方法

T/WWXT 0011—2015 馆藏文物保存环境监测 监测终端 基本要求

T/WWXT 0012—2015 馆藏文物保存环境监测系统 监测终端 温湿度

T/WWXT 0020—2015 馆藏文物展藏 智能文物展柜 技术要求

3 术语和定义

下列术语和定义适用于本标准。

3.1

智能碳纤维壁画保存盒 Intelligent carbon fiber murals preservation box

以碳纤维复合材料为主要原材料制作成型的，具有减振、防水等特殊保护功能，具备温湿度监测、定位跟踪、振动及异常开启报警等智能功能，以馆藏壁画文物的长久保存及安全运输为目的设计、制作的专用装具。

3.2

展存一体式 Exhibition storage combination

以满足馆藏壁画在与原存放地环境差异较大的地区展览为首要目的而专门设计的，允许不开盖直接展示壁画，并兼顾其安全运输及长期存放需求的装具形式。

4 基本参数、工作条件

4.1 基本参数

4.1.1 材料性能指标

壁画盒主体采用碳纤维复合材料制作，碳纤维材料的要求：材料密度为 1.5 g/cm³ ~ 1.65 g/cm³，碳纤维复合材料应符合表 1 性能指标。

表 1 碳纤维复合材料性能指标

项目	性能指标	参考标准
抗拉强度	≥1800 MPa	GB/T 3354—2014
抗拉弹性模量	≥110 GPa	GB/T 3356—2014

内衬采用满足文物存储环境要求的聚乙烯发泡材料作为减振缓冲材料，周边厚度尺寸≥40 mm，性能指标见表 2。

表 2 缓冲材料性能表

检测项目	性能指标	备注	参考标准
表观密度	26.8 ± 3 kg/m³		GB/T 6343—2009
邵氏硬度	13 ~ 20 HA	>3 mm 厚片	GB/T 2411—2008
	15 ~ 20 HA	≤3 mm 薄片	
拉伸强度	≥0.12 kPa	横	GB/T 6344—2008
	≥0.15 kPa	纵	
断裂伸长率	≥100 %	横	GB/T 6344—2008
	≥110 %	纵	
撕裂强度	≥1.1 N	横	GB/T 10808—2006
	≥1.2 N	纵	
压缩永久变形	≤11 %	23 ± 2 ℃，22 h	GB/T 6669—2008
尺寸变化率	≤ -6 %	横	GB/T 8811—2008
	≤ -8 %	纵	
吸水率	≤0.4 %	23 ± 2 ℃，24 h	GB/T 1034—2008 method 4
导热系数	≤0.040 W/（m·K）		GB/T 10297—2015

4.1.2 基本功能参数

根据盒体规格的不同，其抗压强度及载荷能力的基本功能参数见表 3。

表 3 基本功能参数

规格	尺寸（长宽高任一边）	抗压强度	载荷	
			最大挠度	残余型变量
小型	300 ~ 1000 mm	≥100 kg/m²	≤3 mm	≤0.3 mm
中型	1000 ~ 2000 mm	≥50 kg/m²	≤6 mm	≤0.6 mm
大型	2000 ~ 3000 mm	≥50 kg/m²	≤9 mm	≤0.9 mm

4.1.3 防护功能参数

防水：浸水 30 min 无渗水；

被动调控：壁画盒内预留足够空间可以存放干燥剂、调湿剂、脱氧剂、吸附剂等辅助材料，对盒体内部微环境进行调控，预留空间不小于 10 cm³。

4.1.4 智能功能参数

温湿度监测：温度测量范围：－20 ℃～70 ℃；温度测量准确度：±0.9 ℃@（－20 ℃～70 ℃），±0.3 ℃@（10 ℃～30 ℃）；

湿度测量范围：0 % RH～98 % RH；湿度测量准确度：±4 % RH @（0 %～98 % RH），±2 % RH @（40 %～80 % RH）；

定位跟踪：具备定位或历史轨迹功能；

防盗报警：具备非授权移动或开启时的防盗报警功能；

振动：检测精度≤0.01 g；

电源：宜使用电池供电；

电池续航能力：≥1 yr.（15 min 上传周期）；

离线数据存储量：≥10000 条；

通信距离：≥100 m（视距）。

4.2 正常工作条件

环境温度：－20 ℃～70 ℃；

相对湿度：≤98 % RH。

5 技术要求

5.1 总体要求

壁画盒应满足以下总体要求：

壁画盒的设计和制作应以最大程度地减小壁画所受损害为目标，应满足文物存取、保护、安全、展示等需求。

壁画盒的结构强度应满足壁画安全防护要求。

壁画盒所用金属材料应耐腐蚀或作防腐蚀处理；玻璃应采用安全的夹层玻璃，并宜选用透光率较高的玻璃（参照 JC/T 2170—2013）；展示空间内部使用的制作材料、装饰材料和辅助展具材料，应对文物的保存无不良影响。

壁画盒的内衬宜采用满足文物存储环境要求的减振材料作为缓冲材料，并预留调湿剂、吸附剂等被动调控材料的放置空间。

5.2 盒体功能

壁画盒应满足以下功能要求：

壁画盒从用途上分为两类：贮存式，用于馆藏壁画的运输及长期储存；展存一体式，用于壁画的不开盖直接展示、运输及长期储存，顶盖采用安全的双层夹胶玻璃设计。

壁画盒应具有抗压、抗冲击、密闭遮光、减振、防水等防护功能。

借助辅助调控材料，壁画盒应具有气体净化与调节等微环境调控功能。

壁画盒应具有温湿度监测、定位跟踪、振动及防盗报警等智能功能。

壁画盒应具有统一控制平台，满足联网需求。

5.3 防护功能

5.3.1 抗压性能

盒体抗压性能应符合 4.1.2 基本保护功能中对抗压能力的要求；静载荷试验后，盒体不得有裂缝，其最大挠度与残余变形量应满足 4.1.2 基本功能中对载荷能力的要求。

5.3.2 抗冲击性能

盒体意外跌落时应无破损、变形，且产品组件保持正常功能。

5.3.3 密闭性能

换气率≤0.5 d^{-1}。

5.3.4 减振性能

压缩应变率≤20 %。

5.3.5 防水性能

盒体防水性能应符合 GB 4208—2017 规定的 IP67 的要求。

5.4 智能功能

5.4.1 温湿度监测

盒体内部温湿度监测应符合 T/WWXT 0012—2015 的要求。

5.4.2 定位功能

能够凭借与之相连的网关追踪到壁画盒的位置范围或历史轨迹信息。

5.4.3 无线通信功能

通信功能应符合下列要求：

壁画盒应具有无线通信接口与网关进行数据交换，通信可靠性≥98%。

壁画盒应具有地址设定功能，并能接受网关寻址与通信。

5.4.4 防盗报警功能

壁画盒应具有被非授权移动或开启时的报警提示功能。

5.4.5 全程监测功能

壁画盒应具备对自身状态参数进行监控的能力，自身状态参数包括工作模式、电池电压等；也应具备对其内部环境参数进行测量的能力，内部环境参数包括温度、相对湿度、移动状态、开启状态等。同时必须具备将传感器的输出量加工为标准测量值、周期上传采样数据的功能。

5.4.6 数据回补功能

应符合 T/WWXT 0011—2015 中 5.2.2 的要求。

5.4.7 数据存储功能

应符合 T/WWXT 0011—2015 中 5.2.3 的要求。

5.4.8 时间管理功能

壁画盒上传的采样数据应带时间戳，同时应具备在线校时功能。

5.4.9 参数调整功能

壁画盒应具备根据外部无线指令调整采样频率、时钟功能。

5.4.10 通信距离

通信距离不低于 100 m（视距）。

5.4.11 电池续航能力

电池续航能力：≥1 yr.（大于等于 15 min 上传周期）。

5.5 可靠性

壁画盒的电气部分应满足可靠性等级四级，MTBF≥16000 h。

5.6 操作性

扣锁结实，不允许扣不紧或扣不到位；箱体与盖配合无卡滞现象，使用顺畅。

5.7 堆码稳定性

堆叠三层时不倾斜、不破裂、不倒塌。

5.8 材料环境安全性

壁画盒材料应达到 T/WWXT 0020—2015 附录 A 材料环境安全性测定方法中规定的"长期使用"

等级标准。

5.9 安全要求

应符合 T/WWXT 0011—2015 的 5.4 要求。

5.10 电磁兼容性

应符合 T/WWXT 0011—2015 的 5.5 要求。

5.11 外观

壁画盒外观应光滑平整，无明显划痕、开裂、穿透状杂质、气泡、毛刺、色差和明显变形，保证光泽基本一致，玻璃贴缝均匀平顺。

内衬与盒体及壁画本体需贴合紧密，内衬四周缝隙均匀整齐，切割面均匀平顺，无开裂、缺角、毛刺等。

锁具、铰链等配件需安装稳固牢靠，表面光滑均匀，无脱皮、缺裂、麻点等明显外观问题。

5.12 尺寸

壁画盒的尺寸宜满足 GB/T 1804—C 的要求。

6 试验方法

6.1 试验环境条件

试验应在下列条件下进行：

温度：−20 ℃～70 ℃；

相对湿度：≤98 % RH；

大气压力：80 kPa～106 kPa。

6.2 防护功能试验

6.2.1 抗压性能

将盒体放置在检测平台上，在底部较短的两边采用 100 mm 标准垫块将盒体垫起，在盒体上均匀加载到额定载荷，长边方向均匀取 3 个点测量盒体变形，取 3 点最大变形值作为测试结果。

6.2.2 抗冲击性能

将盒体锁扣闭合，使底部离 80 型中密度纤维板 50 cm±5 cm 高度自由跌落，同一样品在同一方法下连续自由跌落 3 次，观察主体及组件。有玻璃顶盖装具可不做抗冲击试验。

6.2.3 密闭性能

按照 T/WWXT 0020—2015 中附录 B 规定的试验方法进行。

6.2.4 减振性能

按照 GB/T 8168—2008 中 7.3.1 规定的试验方法 A 进行。

6.2.5 防水性能

采用盒体自身锁扣闭合后，放置在水池中，盒体高度小于 850 mm 的外壳的最低点应低于水面 1000 mm，等于或大于 850 mm 的外壳最高点应低于水面 150 mm，保持 30 min 后取出，检查密封条、螺栓孔有无渗水，壁画盒体内有无水迹。

6.3 智能相关功能

6.3.1 温湿度监测

温湿度测试按照 T/WWXT 0012—2015 中规定方法进行：湿度温度测试点及顺序为 −20 ℃、−5 ℃、10 ℃、20 ℃、30 ℃、50 ℃、70 ℃，20 % RH、40 % RH、60 % RH、80 % RH、90 % RH。

6.3.2 定位功能

能够显示壁画盒的位置范围或者历史轨迹信息。

6.3.3 无线通信功能

壁画盒智能模块开机后，可使用国家无线电委员会规定的免费开放频段，通过无线网关或其他无线接收设备将数据传送至服务器，通信间隔时间 1 min，通信 1000 次，通信可靠性≥98 %；

智能模块开机后，通过服务器应能准确读取壁画盒相关信息，例如相关历史参数、实时参数等。

6.3.4 防盗报警功能

在正常工作模式下分别在壁画盒前、后、左、右、上、下这六个面法线方向施加大于移动报警门限值的加速度，观察数据接收端是否收到来自壁画盒的移动报警提示，每个方向测试 3 次；

在正常工作模式下打开壁画盒，观察服务器是否收到来自壁画盒的开启开盖报警提示。

6.3.5 全程监测功能

在正常工作模式下，观察服务器收到的来自壁画盒上传的数据中是否包含 5.4 中的相关参数信息。

6.3.6 回补功能

按照 T/WWXT 0011—2015 中 5.2.2 进行。

6.3.7 数据存储

按照 T/WWXT 0011—2015 中 5.2.3 进行。

6.3.8 时间管理功能

设定壁画盒智能模块采样频率：1 次/1 min ~ 1 次/30 min；

设定服务器的时间为测试日期前一天的随机时间；

智能模块上电；

该模块应按照服务器修改后的时间进行数据采样；

恢复服务器的时间；

该模块应按照服务器恢复后的时间进行数据采样。

6.3.9 参数调整功能

设定壁画盒智能模块的采样频率：1 次/20 min；

运行一个周期后，在服务器上发送控制指令，修改其采样周期为 5 min；

智能模块第二个采样周期可为 20 min，也可为 5 min；

智能模块第三个采样周期应为 5 min，之后按照该周期采样；

20 min 后，该智能模块重新开关机；

重新联网后，该智能模块采样频率为 1 次/5 min。

6.3.10 通信距离测试

壁画盒与网关距地面的高度均为 1.8 m，两者距离 100 m，通信范围内无遮挡物，无外部磁场干扰，试验期间不得调整壁画盒，通信可靠性 ≥ 98 %。

6.3.11 电池续航能力测试

根据实际情况加快壁画盒智能模块采样频率以检验其电池续航能力，方法如下：

通过公式（1）计算出模块能够正常工作的次数 n；

$$n = \frac{0.6Q}{\int_0^{t_s} I_S d_{t_s} + \int_0^{t_w} I_W d_{t_w}} \qquad （公式1）$$

其中 n——模块续航周期内可正常工作的次数

Q——电池总电量，取其 60% 为模块可使用电量，单位为库仑（C）；

I_S——休眠电流，单位为安培（A）；

I_W——工作电流，单位为安培（A）；

t_s——休眠时间，单位为秒（s）；

t_w——工作时间，单位为秒（s）。

根据模块实际情况，将其休眠时间调至最小后持续测试；

模块应至少能持续运行 n 个工作周期。

6.4 可靠性

按照 T/WWXT 0008—2015 规定的试验室定时截尾或加速试验方法进行试验。

6.5 操作性

有开合的部位，按正常使用时的方式动作重复 3 次进行操作。

6.6 堆码稳定性测试

将试验样品按额定载荷进行负载，并在水平硬地面上进行，取 3 件样品按照壁画盒的最大接触面进行重叠堆码，四面无依托，在常温条件下放置 48 h 后进行检查。

6.7 材料安全性测试

壁画盒的环境安全性试验按照 T/WWXT 0020—2015 中附录 A 材料环境安全性测定方法规定的试验方法进行。

6.8 安全性测试

按照 T/WWXT 0011—2015 中 5.4 规定的方法进行试验。

6.9 电磁兼容性测试

按照 T/WWXT 0011—2015 中 5.5 规定的方法进行试验。

6.10 外观检查

应在自然光或光照度 300 lx ~ 600 lx 范围内的近似自然光（如 40 W 日光灯），视距为 700 mm ~ 1000 mm，由三人共同检验，以多数相同结论为评定值。

6.11 尺寸检验

采用卷尺或钢尺进行测量。

7 检验规则

7.1 检验分类

壁画盒的检验分为出厂检验和型式检验。出厂检验和型式检验项目见表 4。

表 4 出厂检验和型式检验项目表

序号	项目	技术要求条款	试验方法条款	型式检验	出厂检验
1	材料	4.1.1	4.1.1	○	—
2	载荷	5.3.1	6.2.1	○	—
3	抗冲击性	5.3.2	6.2.2	○	—
4	密闭性	5.3.3	6.2.3	○	—
5	温湿度基本误差测试	5.4.1	6.3.1	○	○
6	通信功能	5.4.3	6.3.3	○	○
7	防盗报警功能	5.4.4	6.3.4	○	○
8	全程监控功能	5.4.5	6.3.5	○	○
9	数据回补	5.4.6	6.3.6	○	—
10	数据存储	5.4.7	6.3.7	○	
11	时间管理功能	5.4.8	6.3.8	○	—
12	参数调整功能	5.4.9	6.3.9	○	
13	通信距离测试	5.4.10	6.3.10	○	—
14	续航能力测试	5.4.11	6.3.11	○	—
15	可靠性	5.5	6.4	○	—

序号	项目	技术要求条款	试验方法条款	型式检验	出厂检验
16	操作性	5.6	6.5	○	○
17	堆码稳定性	5.7	6.6	○	—
18	环境安全性	5.8	6.8	○	—
19	电磁兼容性	5.9	6.9	○	—
20	外观	5.11	6.10	○	○
21	尺寸	5.12	6.11	○	○
表中"○"为检测项目；"—"为不检测项目。					

7.2 出厂检验

壁画盒的出厂检验由制造商质量检验部分进行逐件检验。

出厂检验结果的判别：

出厂检验项目全部合格的监测终端准予出厂，并应附有产品质量合格证。

出厂检验结果若有不合格项时，可对缺陷产品进行修复，修复后的产品需重新进行检验，检验合格后准予出厂。

7.3 型式检验

7.3.1 检验原则

有下列情况之一时，应进行型式检验：

新产品鉴定或定型投产前；

产品转厂生产时；

正式生产后因结构、材料、工艺有较大改变可能影响产品性能时；

产品停产 18 个月以上，恢复生产时；

合同中有规定时；

产品执行标准有重要修改时；

正常生产时，每隔 3 年至少进行一次的检验；

国家质量监督机构提出进行型式检验要求时。

7.3.2 抽样方案及判别规则

按 GB/T 2829—2002 判别水平 I 的一次抽样方案进行型式检验，不合格质量水平 RQL＝30，样本数量 n 按产品详细规范规定。

8 标志、包装、运输和贮存

8.1 标志

壁画盒外壳明显处应设有铭牌并包括以下内容：

壁画盒名称及型号；

安全标志；

主要技术参数；

防护等级；

制造厂名称；

产品编号；

出厂日期。

8.2 包装

包装应采用复合保护包装类型，具有防尘、防振能力。包装箱内应有产品合格证、产品使用说明书和装箱单等文件。

8.3 运输

包装好的壁画盒应适合公路、铁路、水陆、航空运输（当移除监控装置中的内置电池后）。

8.4 贮存

应存放在通风良好，无腐蚀性气体的仓库内。

T/WWXT

文物保护装备产业化及应用
协同工作平台标准

T/WWXT 0033—2020

博物馆库房及展厅恒温恒湿净化系统技术要求

Constant temperature and humidity purification system of museum storage and exhibition halls – Technical requirements

2020-6-3 发布

文物保护装备产业化及应用协同工作平台　发 布

前　言

本标准依据 GB/T 1.1—2020 给出的规则起草。

本标准由文物保护装备产业化及应用协作工作平台提出并归口

本标准起草单位：郑州枫华实业股份有限公司、珠海格力电器股份有限公司、普拉飞过滤技术（广州）有限公司、杭州新因环境工程有限公司、上海博物馆、四川博物院、陕西历史博物馆、机械工业仪器仪表综合技术经济研究所、西安元智系统技术有限责任公司、重庆声光电智联电子有限公司。

本标准主要起草人：马笑然、王健闯、杨智峰、林东远、宋大山、徐建平、张作晨、徐方圆、张孜江、马艺蓉、郭健、邓宏、全定可、张茂成。

本标准为首次发布。

博物馆库房及展厅恒温恒湿净化系统 技术要求

1 范围

本标准规定了博物馆库房及展厅恒温恒湿净化系统技术要求（以下简称系统）的型式和基本参数、技术要求、设计与应用、实验方法等内容。

本标准适用于对环境温度、湿度、洁净度有较高要求的收藏文物单位及展厅环境调控系统，档案馆、图书馆及其他类似用途的库房及展厅可参照本标准执行。

2 规范性引用文件

下列文件对于本文件得应用是必不可少的。凡是日期的引用文件，仅注日期的版本适用于本文件。凡是不注日期的引用文件，其最新版本（包括所有的修改单）适用于本文件。

GB/T 191　包装储运图示标志

GB/T 6388　运输包装收发货标志

GB/T 13306　标牌

GB/T 2829—2002　周期检验计数抽样程序及表（适用于对过程稳定性的检验）

GB/T 4208—2017　外壳防护等级（IP代码）

GB/T 14295—2008　空气过滤器

GB/T 17758—2010　单元式空气调节机

GB/T 19576—2019　单元式空气调节机能效限定值及能效等级

GB 50243—2017　通风与空调工程施工质量验收规范

GB/T 191　包装储运图示标志

GB/T 6388　运输包装收发货标志

GB/T 13306　标牌

GB 4706.32—2012　家用和类似用途电器的安全热泵、空调器和除湿机的特殊要求

GB50325　《民用建筑工程室内环境污染控制规范》

JGJ66—2015　博物馆建筑设计规范

JB/T 4330—1999　制冷和空调设备噪声的测定

JB/T 8655—2010　单元式空气调节机安全要求

JB/T 12218　一般通风用空气过滤器性能试验方法

WW/T 0067　《馆藏文物保存环境控制 甲醛吸附材料》

T/WWXT 0009—2015　馆藏文物预防性保护装备 通信协议一致性测试通用方法

3 术语和定义

下列术语和定义适用于本标准。

3.1

藏展环境用恒温恒湿净化系统 Constant temperature and humidity purification system for Tibetan exhibition environment

一种向博物馆库房或展厅提供诸如空气循环、空气过滤、温度和相对湿度控制的，由空调机和其它辅助装置共同组成的空气调节系统。

3.2

化学吸附 Chemisorption

化学吸附是气态污染物或微生物污染物与吸附剂之间，通过化学反应，发生电子的转移、交换

或共有，形成新的固态化学物质，达到空气净化的目的。

3.3

物理吸附　Physical adsorption

物理吸附是吸附剂表面分子由于作用力没有平衡而保留自由的力场来吸引附质，来达到空气净化的目的。物理吸附在一定程度上是可逆的。

3.4

制冷量　Cooling capacity

在规定的制冷量试验条件下，空调机从所处理的空气中移除的显热和潜热之和，单位为瓦（W）。

3.5

制冷消耗功率　Cooling power consumption

在规定的制冷量试验条件下，空调机所消耗的总电功率，单位为瓦（W）/h。

3.6

能效比　Energy efficiency ratio

在规定的制冷量试验条件下，制冷量和整机的制冷消耗功率之比。

3.7

机外静压差　External static pressure difference

系统风机出口处与回风口处的静压差，单位为 Pa。

3.8

空气焓差法　Air enthalpy difference method

一种测定温湿度控制系统制冷（热）能力的方法，它对温湿度控制系统的进风参数、出风参数以及循环风量进行测量，用测出的风量与进风、出风焓差的乘积确定温湿度控制系统的制冷（热）量。

3.9

送风量　Supply air volume

在规定的风量实验条件下，温湿度控制系统单位时间内向库房或展厅送入的空气量，单位 m^3/h。

3.10

中效过滤器　Medium efficiency filter

按 GB/T14295 规定的方法检验，对粒径大于等于 $0.5\mu m$ 微粒的计数效率小于70%的过滤器。其中中效1型过滤器计数效率大于或等于60%、中效2型过滤器计数效率大于或等于40%而小于60%，中效3型过滤器计数效率大于或等于20%而小于40%。

3.11

粗效过滤器　Coarse effect filter

按 GB/T14295 规定的方法检验，不满足中效及以上级别要求的过滤器。其中粗效1型过滤器计数效率大于或等于50%，粗效2型过滤器计数效率大于或等于20%而小于50%，粗效3型过滤器标准人工尘计重效率大于或等于50%，粗效4型过滤器标准人工尘计重效率大于或等于10%而小于50%。

3.12

高中效过滤器　High efficiency filter

按 GB/T14295 规定的方法检验，对粒径大于等于 $0.5\mu m$ 微粒的计数效率大于或等于70%而小于95%的过滤器。

3.13

除湿量　Dehumidification

在额定工况和规定条件下进行除湿运行时，温湿度控制系统单位时间的凝结水量，单位：l/h。

3.14

加湿量　Humidification

在额定工况和规定条件下进行加湿运行时，温湿度控制系统单位时间的雾（汽）化水的量，单位：l／h。

3.15

加湿效率　Humidification efficiency

在规定的加湿能力试验条件下，加湿器单位功耗所产生的加湿量，单位：kg／（h·W）。

3.16

控制精度　control precision

指反馈控制系统中最终的控制参数值与额定值的符合程度。

4　系统设备型式

4.1　按照冷凝器冷却方式宜采用：风冷、水冷等。

4.2　按照冷源方式宜采用：压缩制冷式、热电制冷式、天然冷源等。

4.3　按照热源方式宜采用：热泵式、电热式等。

4.4　按照送风方式宜采用：下送风、上送风、侧送风等。

4.5　按照加湿方式宜采用：电极式加湿、超声波加湿、湿膜加湿，电热式加湿等。

4.6　按照净化形式分为：化学式、物理式等。

5　技术要求

5.1　系统的一般要求

5.1.1　系统的外壳、电镀件、涂漆件等应防锈，金属镀层上的每个锈点锈迹面积≤1mm²

5.1.2　系统的电镀件、涂漆件、装饰性塑料件表面应平整光滑、色泽均匀、不应有气泡、流痕和明显缩孔等缺陷，塑料件应耐老化。

5.1.3　系统零部件的安装应牢固可靠，管路和零部件不应有相互摩擦和碰撞。制冷系统零部件的材料应能在制冷剂、润滑油及其混合物的作用下不产生劣化且保证机器正常工作。

5.1.4　系统的隔热层和消声敷层应有良好隔热消声性能，并且材料无毒、无害、无异味、不吸潮、阻燃。

5.1.5　系统宜具备对固体颗粒物（如PM2.5）、气态污染物（如甲醛、酸性气体、腐蚀性气体等）和微生物（如霉菌、病毒等）三大类污染物的净化能力。

5.1.6　系统宜具备远程控制功能及预留自动控制数据接口。

5.2　基本工况

在室内温度20℃干球温度，相对湿度50%，室外温度35℃干球温度，相对湿度50%，基本工况下，系统电气设备应能正常工作，同时满足以下技术要求。

5.3　使用范围

5.3.1　电气、环境参数

5.3.1.1　输入交流电源电压的波动范围

单相（220V）为额定电压的90%～115%。

三相（380V）为额定电压的90%～115%。

5.2.1.2　电压频率：50Hz±2Hz。

5.3.1.3　制冷运行温度：17～45℃。

5.3.1.4　制热运行温度：−18～16℃。

5.3.1.5　相对湿度＜90%，无凝结水。

5.3.2　电气设备应能在海拔高度1000m以下正常工作，当海拔高度超过1000m时，制造商与用户协议可增加有关措施。

5.3.3 水冷式系统冷凝器进水温度为：4℃ ~ 34℃。

5.3.5 风冷式系统冷凝器环境温度为：-18℃ ~ +45℃。

5.4 性能要求

5.4.1 制冷系统密封性

按 7.2.3.1 的方法试验时，系统的制冷系统各部分不应有制冷剂泄漏。

5.4.2 运转

按 7.2.3.2 的方法试验时，所测系统的输入功率、运转电流和送、回风温度等参数应符合产品设计要求。

5.4.3 制冷量

按 7.2.3.3 条和 7.2.3.4 条方法试验时，实测工况制冷量应不小于标称制冷量的 95%。

5.4.4 制冷消耗功率

按 7.2.3.4 条方法试验时，实测工况下制冷消耗功率应不大于名义制冷消耗功率的 110%（水冷式系统制冷量每 300W 增加 10W 作为冷却水系统水泵和冷却水塔风机的功率消耗）。

5.4.5 制热量

按 7.2.3.3 条和 7.2.3.4 条方法试验时，实测工况制热量应不小于标称制热量的 95%。

5.4.6 制热消耗功率

按 7.2.3.4 条方法试验时，实测工况下制热消耗功率应不大于名义制热消耗功率的 110%

5.4.7 能效比

按照 GB/T19576—2019 单元式空气调节机能效限定值及能效等级 4 项要求。

5.4.8 送风温度

送风温度应高于库房或展厅的露点温度，为避免出风出现凝露现象。

5.4.9 运行噪声

运行噪声见表1。

表1 系统运行最大噪音

制冷量（w）	室内侧 dB（A）			室外侧 dB（A）
	风帽送风	风管送风	下送风	
14000 以下	64	62	62	60
≥14000 ~ 28000	68	69	66	64
≥28000 ~ 50000	71	72	69	66
≥50000	74	74	72	68
注：系统噪声限值（dBA）（声压级）系统的噪声值在额定电压和额定功率下按 JB/T4330 规定的方法测得				
注：压缩机一侧为室外侧				

5.4.10 新风量

系统应具备新风及排风功能，新风量从 0 - 100% 可调。

5.4.11 净化效率

对甲醛的净化能力，应满足 WW/T 0067—2015 的要求。

对二氧化氮、二氧化硫、氨、含氯离子的气体，通过化学吸附，显著提高系统净化能力，达到《博物馆行业馆藏文物保存环境达标试行规范》的要求。

对霉菌、高度传染性的流感病毒，具备显著的净化能力。

5.5 安全

5.5.1 断开控制板和电源的连接线,强制闭合所有的接触器。绝缘电阻值应不低于2MΩ。

5.5.2 泄漏电流系统接地端子与系统电源的输入端的泄漏电流不大于10mA。

5.5.3 系统所采用的净化材料以及在运行过程中,应满足安全性检测要求,无二次污染,对文物安全及人员健康无影响。

5.6 控制功能

5.6.1 湿度控制优先原则,湿度优先控制。

5.6.2 回风控制精度

1）当设定回风温度在18℃~25℃范围时,温度控制平均精度为±1℃。

2）当设定回风相对湿度在40%~60%RH范围时,湿度控制平均精度为±5%。

5.6.3 有独立的制冷、加热、除湿、加湿、送风功能,对各项功能的控制应能保证在设定控制点和精度控制范围内。各项功能应具备连续调节能力。

5.6.4 系统应能储存大于等于50条历史告警信息,并能记录压缩机、风机、加湿器、加热器的累计工作时间,且具备掉电存储功能。

5.6.5 系统应有来电自启功能,交流供电恢复时,设备应保持停电前的运行状态。

5.6.6 采用两相电供电时,应具备延时启动功能,延时时间应能在1s~180s可设定。

5.6.7 系统应能自动平衡双压缩机运行时间。

5.6.8 系统的净化功能应满足JGJ66—2015 6.04—6.05要求。

5.7 通信功能

5.7.1 应具备RS232或RS485通信接口,并提供通信协议。

5.7.2 应具备符合《文物保护装备产业化及应用协同工作平台标准T/WWXT0009－2015 馆藏文物预防性保护装备通信协议一致性测试通用方法》中的要求。

5.7.3 应具备远程查看系统运行实时数据及历史数据功能,并对系统进行调控。

5.8 告警及保护功能

系统应具备下列告警和相应的动作:

—直接膨胀式制冷系统高压、低压告警

—温度、湿度超出范围（过高或过低）告警

—加热器高温保护

—加湿器告警

—滤网堵塞告警

—水系统断水和防冻等安全保护

—漏水报警

—系统应预留火灾、烟感等报警以及与其它安全器件联锁接口。

—系统供电在缺相、错相、电压过欠压情况下,应能自动保护或停机,在电源恢复正常后可自动恢复原设定模式运行,所设置参数保持后的设定状态。

5.9 关键部件

5.9.1 控制器

记录多天、多条事件记录、告警记录,采集频率为每分钟记录温湿度,显示温、湿度及曲线、系统运行状况、告警状态。

5.9.2 显示器

具备中文操作菜单,菜单中有手动操作模式。

5.9.3 加湿器

保证加湿速度效率,并便于维护,维护周期≤30天。

5.9.4 室外风机

室外冷凝器的风机宜具备调速功能，能够提供故障保护和报警信号。

5.9.5 室内风机和电机

具备过载保护功能。

5.9.6 膨胀阀

应选用热力膨胀阀或电子膨胀阀或毛细管。

5.9.7 过滤器

系统对库房及展厅的不同类型污染物，应具备对应的过滤器：

污染物类型	过滤器
固体颗粒物	粉尘过滤器
气态污染物	化学过滤器/过滤模块
微生物	杀菌抗病毒复合过滤器

5.10 节能要求

5.10.1 系统在满足恒温恒湿前提下，通过有效的污染净化功能，适当减少新风引入的比例，达到节能的目的。

5.10.2 宜选用提高系统效率的元件。

6 系统应用

6.1 应用技术要求

系统主要应用场景为博物馆库房及展厅或类似用途，在满足实际库房展厅恒温恒湿需求情况下，设计库房时制冷量一般≤200w/㎡，在设计展厅时制冷量一般≤300w/㎡。

6.2 系统容量选取原则

考虑库房及展厅重要性和运行安全性，系统的冗余备份的设计原则为：所需总制冷量宜留有备用量20％以上。

6.3 设计原则

6.3.1 库房或展厅内设备与系统的配合布局建议。

6.3.1.1 应根据室内柜架摆放情况合理配置系统。

6.3.1.2 系统送风应保证通畅，避免直接送风受到阻挡。应防止冷热气流直接混合，送风气流组织应均匀有效，末端风口可调节风量和气流角度。

6.4 气流组织

6.4.1 送风风管送风

6.4.1.1 根据现场条件进行选择，优先采用下送风上回风方式。

6.4.1.1 主风管内的风速在6m/s～9m/s的范围之内，支风管内的风速在3m/s～6m/s的范围之内。

6.4.1.2 根据库房或展厅功能规划设备和系统摆放位置，合理设计送风口和回风位置，避免风口直吹柜架，且有调节风量、送风角度的装置。

6.4.1.3 送风距离宜小于20m。

6.4.1.4 多台系统联合运行

1) 共用主风管时，应避免气流的直角转弯和气流对撞，汇接系统数量不大于3台。

2) 设计静压箱，静压箱箱体截面风速低于5m/s。

6.4.1.5 送风机出口600mm以内，避免设置风阀等影响气流的管件。

6.4.1.6 如果系统设置在单独的房间内，回风口截面风速应低于3m/s，送风各测点温度差应小于

3℃，湿度差应小于 5% 。

6.4.1.7 库房或展厅内设备与系统的配合布局建议

应根据室内柜架摆放情况合理配置，系统送风应保证通畅，避免直接送风受到阻挡。应防止冷热气流直接混合，送风气流组织应均匀有效，末端风口可调节风量和气流角度。

6.4.1.7 送风温度应低于展厅库房内露点温度，避免造成风口凝露。

6.5 安装原则

按照 GB 50243—2002 及系统制造厂商提供的安装手册。

7 检验方法

7.1 检验条件

7.1.1 检验工况见表 2。

表 2 检验工况单位：摄氏度

项目	室内侧		放热侧			
	空气入口状态		风冷冷却的空气入口状态		水温	
	干球温度	湿球温度	干球温度	湿球温度	进口	出口
风冷	24 ± 1	16 ± 0.5	35 ± 1	24 ± 0.5	—	—
水冷	24 ± 1	16 ± 0.5	—	—	32 ± 1	37 ± 0.5
	24 ± 1	16 ± 0.5	—	—	7 ± 1	12 ± 0.5

7.1.2 检验用仪器及精度要求见表 3

表 3 仪器及精度要求

类别	仪器名称及形式	精度
温度测量仪表	水银玻璃温度计、电子式温度计	±0.1℃
微型风压力测量仪表	压力皮托管（风速）	±0.01mmHg
风速仪	热球风速仪 电子式 旋转式	±1%
风量流速表（风速、温度、相对湿度）	风速 温度 相对湿度	读数的 ±3% 或 ±0.015m/s ±0.3℃ ±3%RH
套帽式风量罩	（42～4250）m³/h	读数的 ±3% 或 ±12 m³/h
电能质量分析仪		±5%

7.2 检验方法

7.2.1 一般要求的检验

按 5.1 条要求，进行目视与观察，结果应符合 5.1 条要求。

7.2.2 系统适应范围的检验

按 5.3 条要求，用配备（电流、电压、温湿度等）的仪器进行检测与观察，结果应符合 5.3 条要求。

7.2.3 性能要求的检验

7.2.3.1 制冷系统密封性

系统的制冷系统在正常的制冷剂充灌量下，用下列灵敏度的制冷剂检漏仪进行检验：1×10^{-6} Pa·m3/s（制冷量为 7000～28000W）和 1×10^{-5} Pa·m3/s（制冷量为 28000W 以上）时，制冷系统各部分 不应有制冷剂泄漏。结果应符合 5.4.1 条要求。

7.2.3.2 运转

系统应在接近名义制冷工况的条件下连续运行，分别测量系统的输入功率、运转电流和送、回风温度。检查安全保护装置的灵敏度和可靠性，检验温度、电气等控制元件的动作应正常。结果应符合 5.4.2 条要求。

7.2.3.3 制冷量（可取其中一种）

1）检测方法按 GB/T17758—1999 中附录 A 的要求进行试验，检测结果应符合 5.4.3 条要求。

2）制冷量的（现场）检测：计算后的制冷量（由显冷量导出）不小于标称制冷量的 20% 为合格。检测系统制冷量时，房间内应有稳定的、和系统名义制冷量相匹配的热源。同时，回风温湿度保持稳定。

制冷量及显冷量由下式计算：

$$qtci = \rho * Qmi * (ha1 - ha2)$$
$$qsci = Cpa * Qmi * (ta1 - ta2)$$

式中：qtci—制冷量，

qsci—显冷量，

Qmi—室内空气流量测量值，m^3/s

ta1—室内侧进风干球温度，℃

ta2—室内侧出风干球温度，℃

ha1—室内侧进风的焓，J/kg 干空气℃

ha2—室内侧出风的焓，J/kg 干空气℃

Cpa—空气的比热，J/kg 干空气℃

ρ—空气的密度，kg/m^3

温湿度空气的焓（h）由测量到的温度和（相对）湿度值确定。

室内侧空气流量测试可采用速度面积法：通过管道截面的体积流量是管道截面上的平均流速（V）与管道截面积的乘积。

1）对下送风和风管送风系统，应调整地板出风口或风管出风口，在满足 GB/T 17758—1999 规定的 小机外静压后测量送风量。

2）检测装置见图 1 和图 2。

3）测试：现场需制作简易辅助风道，如上图所示，截面尺寸和系统回风口相同。长度为 $\sqrt{C * D}$，C D 表示回风口的尺寸；在辅助风道中部开出检测孔，测量截面上每个点的平均风速即为回风风速。

4）风量按公式（1）计算：

$$Qmi = v * F \quad (m^3/s) \tag{1}$$

式中：v—风速（m/s）

F—面积（㎡）

7.2.3.4 制冷消耗功率

在 7.2.3.3 测量制冷量时，检测出系统总功耗应符合 5.4.4 条要求。用电能质量分析仪直接测量有功功率。

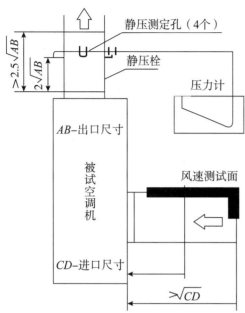

图 1　风管送风型式检测装置

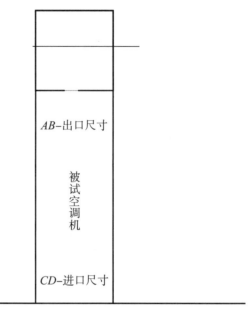

图 2　下送风型式检测方式

7.2.3.5　显热比

按照 7.2.3.3 检测方法测量显冷量与同时测得的制冷量之比应符合 5.4.5 条要求。

7.2.3.6　能效比

按照 7.2.3.3 检测方法测量制冷量与按照 7.2.3.4 检测方法测量系统制冷消耗功率之比应符合 5.4.6 条要求。

7.2.3.7　冷风比

按照 7.2.3.3 检测方法测量制冷量与按照 7.2.3.3 检测方法测量系统风量之比应符合 5.4.7 条要求。

7.2.3.8　机外静压差

系统的机外静压检测方法按 GB/T 17758—1999 中附录 A 的要求进行试验，按照 GB/T 17758—1999 中附录 A 的 A7 条款进行测定，结果应符合 5.4.8 条要求。

7.2.3.9　最大运行噪音

a）测试条件及测前准备：

—系统的噪声值在额定电压和额定功率下按 JB/T 4330 规定的方法测得。

—在规定的条件及位置下，测定系统 A 声级。当风速大于 1m/s 时，应使用风罩。

—在测量系统噪音前，应先测量场所内背景噪声。

—系统应按有关技术要求安装在台架上，在额定电压、额定频率下稳定运行。运行条件应接近额定工况条件。

b）室内侧噪声测量

—测量方法：距系统正面中心 1 米，地板上 1.2m 处。

—计算方法：由于测定的是库房或展厅内噪声和系统开机后的噪声之和而库房或展厅内噪音可忽略不计，

测量值即可为系统噪声。

c）室外侧噪声测量：

测量方法：

1）侧出风

距系统正面和两侧面距离 1m，其测点高度为系统高处度加 1m 的总高度的 1/2 处的三个测点。

测试结果按公式（2）平均：

$$LP = 10 \lg \frac{1}{3} \left(\sum_{i=1}^{3} 10^{0.1Lpi} \right) \qquad (2)$$

2）上出风

在系统四面距系统 1m，其测点高度为系统高度加 1m 的总高度的 1/2 处的四个测点，测试结果按公式（5）式进行平均，即为系统噪声。如果系统安装位置有明显的声音反射，需计算声音反射对噪声测量值的影响，在测得的噪声值中去除。

d）结果应符合 5.4.9 条要求。

7.2.4 安全性要求的检验

7.2.4.1 绝缘电阻

断开控制板和电源的连接线，强制闭合所有的接触器。短接三相输入电源，用直流 500V 绝缘电阻计测量系统短接端和地线之间的绝缘电阻值，持续时间 60s。结果应符合 5.5.1 条要求。

7.2.4.2 泄漏电流

给系统通电，通过三相调压器将电压调整到额定电压的 1.06 倍。泄漏电流测试仪的泄漏电流设定值 10mA，将泄漏电流测试仪的一个测试端子和系统接地端子连接，另一个测试端子分别和系统电源的三相连接进行测量，每个端子测试时间 5s，记录大值。结果应符合 5.5.2 条要求。

8 检验规则

8.1 检验分类

系统的产品检验分为出厂检验和型式试验。

8.2 出厂检验

每套系统出厂时均需进行出厂检验。有一项性能指标不符合要求，即为不合格，应返修复试。复试 再不合格，则不能发给合格证。检验合格后，填写检验记录并发给合格证方能出厂。出厂检验分全检和 抽检两种，可根据情况任选一种。

8.3 型式检验

型式检验按周期检查进行，一般 1 年进行一次。具有下列情况之一的均需做型式检验：

a）产品停产一个周期以上又恢复生产；

b）转厂生产再试制定型；

c）正式生产后，如结构、材料、工艺有较大改变；

d）产品投产前签定或质量监督机构提出。型式检验按 GB/T 2829—2002 进行，采用判别水平 I 的二次抽样方案。产品质量以不合格数表示。产品的不合格判定分 B 和 C 两类。产品不合格质量水平 RQL 值和抽样方案见表 4。

表 4 RQL 值及抽样方案

不合格分类	RQL 抽样方案
B 类	$50 \begin{bmatrix} 2; & 0, & 2 \\ 2; & 1, & 2 \end{bmatrix}$
C 类	$50 \begin{bmatrix} 2; & 0, & 3 \\ 2; & 3, & 4 \end{bmatrix}$

型式检验项目见表 5。

表5 检验项目及判定

序号	项目		不合格判定		出厂检验		型式检验	要求	试验方法
			B	C	100%	抽样			
1	一般要求	设备外观、镀锌件要求		○	√	√	√	5.1.1-2	7.2.1
		结构、安装要求	○		√	√	√	5.1.3	
		设备高度要求		○				5.1.4	
		空气过滤能力要求	○				√	5.1.5	
		隔热和消声要求	○			√	√	5.1.6	
2	空调适应性	电气、环境参数	○		√	√	√	5.3.1	7.2.2
		适应海拔高度要求		○				5.3.2	
		冷凝器/冷却器环境温度	○			√	√	5.3.3-5.3.5	
3	性能要求	制冷系统密封性	○		√	√	√	5.4.1	7.2.3.1
		运转	○		√	√	√	5.4.2	7.2.3.2
		制冷量	○			√	√	5.4.3	7.2.3.3
		制冷消耗功率	○			√	√	5.4.4	7.2.3.4
		显热比	○			√	√	5.4.5	7.2.3.5
		能效比	○			√	√	5.4.6	7.2.3.6
		冷风比	○			√	√	5.4.7	7.2.3.7
		机外静压差	○			√	√	5.4.8	7.2.3.8
		最大运行噪声	○			√	√	5.4.9	7.2.3.9
4	安全要求	绝缘电阻	○		√	√	√	5.5.1	7.2.4.1
		泄漏电流	○		√	√	√	5.5.2	7.2.4.2
5	控制功能	回风控制精度	○			√	√	5.6.1	7.2.6
		控制功能项目及要求						5.6.2	
		存储信息要求						5.6.3	
		启动功能要求	○			√	√	5.6.4-5	
		自动平衡运行时间	○				√	5.6.6	
		PID控制模式	○				√	5.6.7	
		湿度优先控制功能					√	5.6.8	
6	通信功能	通信接口		○			√	5.7.1	7.2.7
		通信协议	○				√	5.7.2	
		远程功能	√	√	√	√	√	5.7.3	

续表

序号	项目		不合格判定		出厂检验		型式检验	要求	试验方法
			B	C	100%	抽样			
7	告警及保护功能	高、低压告警	○		√	√	√	5.8.1	7.2.8
		气流故障告警	○		√	√	√	5.8.2	
		温、湿度过高告警	○		√	√	√	5.8.3	
		电加热高温	○		√	√	√	5.8.4	
		加湿器告警	○		√	√	√	5.8.5	
		滤网堵塞告警	○		√	√	√	5.8.6	
		系统断水及防冻告警	○				√	5.8.7	
		漏水告警	○				√	5.8.8	
		火灾、烟感及安全接口	○				√	5.8.9	
		电源故障告警	○				√	5.8.10	
		缺项、错项、过欠压告警	○				√	5.8.11	
8	系统中关键部件	控制器	○		√	√	√	5.9.1	7.2.9
		显示器	○		√	√	√	5.9.2	
		压缩机	○		√	√	√	5.9.3	
		加湿器	○		√	√	√	5.9.4	
		室外风机	○		√	√	√	5.9.5	
		室内风机和电机	○		√	√	√	5.9.6	
		换热器	○		√	√	√	5.9.7	
		膨胀阀	○		√	√	√	5.9.8	

9 标志、包装、运输和贮存

9.1 系统设备的机体外侧应粘贴主要性能参数标签。

9.2 系统包装前应进行清洁和干燥处理。

9.3 系统应外套塑料袋或防潮纸并应固定在箱内，以免运输中受潮和发生机械损伤。

9.4 包装箱内应附有下述文件及附件：

　　a）产品合格证，其内容应包括：产品名称和型号；产品出厂编号；检验人员代码；检验日期。

　　b）说明书应按 GB/T 5296.2—2008 要求进行编写，其主要内容应包括：

　　　　1）产品名称和型号（规格）；

　　　　2）产品概述（用途、特点、使用环境及主要使用性能指标和额定参数等）；

　　　　3）接地说明；

　　　　4）安装和使用要求，维护和保养注意事项；

　　　　5）产品附件名称、数量、规格；

　　　　6）常见故障及处理方法一栏表，售后服务事项和生产者责任；

　　　　7）制造厂名称和地址。（注：上述内容亦可单独编写成册。）

　　　　8）装箱清单，装箱清单要求的附件。

　　c）随机文件应防潮密封，并放置在箱内适当位置处。

9.5 系统在运输和贮存过程中不应碰撞、倾斜、雨雪淋袭。

9.6 产品应贮存在干燥的通风良好的仓库中。运输和贮存环境温度：－40℃ ～ ＋50℃；环境湿度：5% ～ 85%无凝露。运输和贮存时间总计不超过 6 个月，6 个月以后需要重新标定性能。

9.7 运输后按照以上有关规定测试，系统不应该损坏，紧固件不应该松动，系统密封性、噪声应该符 合规定要求。9.8 产品包装经拆装后仍须继续贮存时应重新包装。

注：系统出厂应充注 1bar 表压的干燥氮气。

T/WWXT

文物保护装备产业化及应用
协同工作平台标准

T/WWXT 0034—2020

馆藏文物养护　蒜素熏蒸消毒剂
技术要求

Maintenance of museum collected cultural relics – Allicin fumigation
disinfectant – Technical requirements

2020-6-3 发布

文物保护装备产业化及应用协同工作平台　发 布

前　言

本标准依据 GB/T 1.1—2020 给出的规则起草。

本标准由文物保护装备产业化及应用协同工作平台提出并归口。

本标准起草单位：重庆声光电智联电子有限公司、上海博物馆、上海有机所、杭州伊欧有限责任公司、机械工业仪器仪表综合技术经济研究所、天一阁博物馆、陕西历史博物馆、甘肃省考古研究所、西安元智系统技术有限责任公司。

本标准主要起草人：张茂成、李军、吴来明、徐方圆、张琛、柳晓菁、张亮、赵旭腾、马艺蓉、陈国科、邓天珍、马德志、全定可。

本标准为首次发布。

馆藏文物养护 蒜素熏蒸消毒剂 技术要求

1 范围

本标准规定了馆藏文物养护用蒜素熏蒸消毒剂（以下简称消毒剂）的技术要求、试验方法、检验规则、标志、包装、运输、贮存和安全。

本标准适用于使用硫代磺酸乙基酯和乙烯基璜酰氟化合物或者它们的组合物的熏蒸消毒剂的生产和应用。

2 规范性引用文件

下列文件对于本文件的应用是必不可少的。凡是注日期的引用文件，仅所注日期的版本适用于本文件。凡是不注日期的引用文件，其最新版本（包括所有的修改单）适用于本文件。

GB/T 191   包装储运图示标志

GB/T1605 – 2001   商品农药采样方法

GB/T 6682   分析实验室用水规格和试验方法

GB/T 9724   化学试剂 pH 值测定通则

中华人民共和国卫生部 消毒技术规范 2019 版

3 术语

3.1

蒜素熏蒸消毒剂 Allicin – derived fumigated

采用蒜素及蒜素衍生物单独或者混合配方，能灭杀媒介生物并达到消毒要求的制剂，本标准熏蒸消毒剂特包含硫代磺酸乙基酯和乙烯基璜酰氟化合物。

硫代磺酸乙基酯分子式：$C_4H_{10}O_2S_2$

硫代磺酸乙基酯结构式：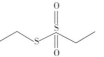

硫代磺酸乙基酯相对分子质量：154. 251

乙烯基璜酰氟分子式：$C_2H_4F_2O_4S_2$

乙烯基璜酰氟结构式：

乙烯基璜酰氟相对分子质量：110. 100

4 技术要求

4.1 外观

稳定的淡黄色液体，无可见悬浮物和沉淀物，有刺激性气味。

4.2 参数表

表 1 参数表

序号	参数	值
1	不挥发物	≤1%

序号	参数	值
2	pH 值	6.5 – 7.5
3	有效成分	硫代磺酸乙基酯有效成分≥95%； 乙烯基磺酰氟有效成分≥80%

4.3 稳定性

存储有效期应不低于1年，储存期间有效成分含量下降率应≤10%，且产品外观不发生明显改变，pH值不发生明显变化。

5 试验方法

5.1 外观检验

将样品置于无色透明玻璃瓶内，对光目测、鼻嗅，应符合4.1的要求。

5.2 不挥发物

取被检测品1g在水浴上加热至恒温75℃使其挥发1小时后再于105℃烘箱内干燥20分钟至恒重，称量残留物的重量并计算结果，应符合应符合表1序号1的要求。

5.3 pH 值

按附录A有机溶液pH值测定方法的规定测定，结果应符合表1序号2的要求。

5.4 有效成分

按照附录B核磁共振测量成分、附录C气相色谱测定含量，结果应符合表1序号3的要求。

5.5 稳定性

按中华人民共和国卫生部《消毒技术规范》（2019年版）的规定测定，结果应符合4.3的要求。

6 检验规则

6.1 检验分类

消毒剂的检验分为出厂检验和型式检验。出厂检验和型式检验项目见表2。

表2 出厂检验和型式检验项目

序号	项目	技术要求条款	试验方法条款	型式检验	出厂检验
1	外观检验	4.1	5.1	○	○
2	挥发后固态残留物	4.2	5.2	○	○
3	有效成分	4.2	5.3	○	○
4	pH 值	4.2	5.4	○	○
5	稳定性	4.3	5.5	○	—
表中"○"为检测项目；"—"为不检测项目。					

6.2 出厂检验

消毒设备的出厂检验由制造商质量检验部分进行逐件检验。出厂检验结果的判别：

a）出厂检验项目全部合格的消毒剂准予出厂，并应附有产品质量合格证；

b）出厂检验结果若有不合格项时，可对缺陷产品进行修复，修复后的消毒剂需重新进行检验，检验合格后准予出厂。

6.3 型式检验

有下列情况之一时，应进行型式试验：

a) 新产品鉴定或定型投产前；

b) 产品转厂生产时；

c) 正式生产后因材料、工艺有较大改变可能影响产品性能时；

d) 产品停产 18 个月以上，恢复生产时；

e) 合同中有规定时；

f) 产品执行标准有重要修改时；

g) 正常生产时，每隔 3 年至少进行一次的检验；

h) 国家质量监督机构提出进行型式检验要求时。

6.4 取样方式与数量

按 GB/T 1605 中"液体制剂采样"方法进行。用随机数表法确定抽样的包装件，最终抽样量应不少于 200mL。

6.5 判定规则及复检规则

出厂检验和型式检验的判定规则和复检规则见表 2，检验结果如果有任何一项指标不满足本标准的要求时，则应重新加倍采样进行检验，重新检验的结果即使只有一项指标不符合本标准的要求，则整批产品应该降等或者不合格处理。

7 标志、包装、运输和贮存

7.1 标志

应注明生产企业名称、地址、产品名称、批号、生产日期、产品净含量、使用说明、安全要求注意事项以及本标准编号，外包装应符合 GB/T 191—2008 的规定。

7.2 包装

蒜素及蒜素衍生物消毒剂产品用聚酯塑料瓶包装，定量包装净含量误差不超过标明值的 1%，外包装应能保证产品不受自然损坏，包装材料按订货合同规定。

消毒剂应有下列随机文件：

a) 检验合格证；

b) 产品使用说明书；

c) 装箱清单。

7.3 运输

产品应贮运时应防潮、防晒、远离热源和火源，包装好的产品应适合公路、铁路、水路、航空运输，或按订货合同规定。

7.4 贮存

应贮存在温度 $-20℃ \sim 0℃$，遮光的仓库内。

8 安全

对皮肤和粘膜有强烈的刺激作用，能通过食道、皮肤等引起中毒，急性中毒，引起呼吸困难，出现意识障碍和休克。

附录 A
（规范性附录）
有机溶液 pH 测定方法

A.1 检测原理

将玻璃电极和甘汞电极浸入同一被测溶液中构成原电池，其电动势与溶液的 pH 值有关，通过测量原电池的电动势即可得出溶液的 pH。

A.2 仪器和器材

A.2.1 酸度计：精度为 0.1pH 单位。

A.2.2 恒温浴：能保持 25 ±1℃ （也可按照有机溶液要求另外确定温度）。

A.2.3 烧杯：容积为 100ml。

A.2.4 量筒：容积为 50ml。

A.2.5 缓冲溶液：配制按 GB 9724。

A.2.6 蒸馏水：按 GB 6682，用三级水。

A.3 测定步骤

A.3.1 测定前准备工作

A.3.2.1 按 GB 9724 配制缓冲溶液。

A.3.2.2 按 GB 6682 制备三级水。

A.3.2.3 每种有机溶液取三个试样，每个试样约为 50ml。

A.3.3 试验步骤

A.3.2.1 按酸碱度计的说明书要求浸泡其玻璃电极，同种试样应选择与其 pH 值相近的二种标准缓冲溶液校正酸度计。

A.3.2.2 用量筒取 50ml 试样倾入烧杯中，作为测定 pH 值的试料。当试样的粘度大于 20Pa·s 时，用量筒取 25ml 试样和 25ml 蒸馏水倾入同一烧杯，用玻璃棒将其搅拌均匀后作为试料。

A.3.2.3 将盛有试料的烧杯放入恒温浴中，待其温度达到稳定平衡后，将玻璃电极用蒸馏水冲洗干净后并擦干，再用试液洗涤电极，然后插入试料中进行测定。

A.3.2.4 在连续三个试料测定中，若三 pH 值的差值大于 0.2，则应重新取三个试料再次测定，直至 pH 值的差值不大于 0.2 为止。

A.3.3 结果计算

取三个试样的 pH 值的算数平均值作为试验结果，保留一位小数。

附录 B
（规范性附录）
核磁共振测定成分

B.1 检测原理

核磁共振是在强磁场下电磁波与原子自旋相互作用的一种基本物理原理。核磁共振波谱法是以原子自旋为探针，反应在原子核周围的化学环境变化。不同的化学环境下的原子，在核磁共振吸收谱上具有不同的化学位移。相同化学环境的原子具有相同的化学位移，但原子核之间的自旋偶合作用类型不同，会造成不同的分裂峰。相同环境下的原子核数量多少会对峰的吸收强弱造成影响。由上述信息，可对化学分子的具体结构进行解析，推断质子在碳链中所处位置。

B.2 仪器

B.2.1 核磁共振（NMR spectra）使用 Bruker DRX 300 or 400 MHz 或者其他同类仪器

B.3 试剂与材料

B.3.1 氘代氯仿 CDCl₃

B.3.3 待测样品（纯度＞95％）

B.4 标准品核磁共振谱图

见图1

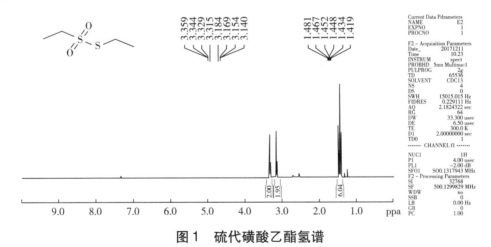

图1 硫代磺酸乙酯氢谱

B.4.1 乙烯基璜酰氟氢谱

见图2

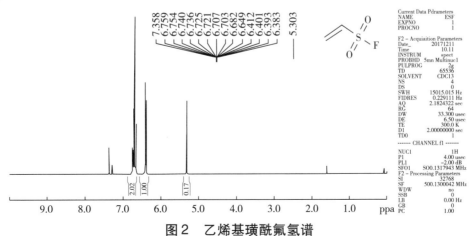

图2 乙烯基璜酰氟氢谱

附录 C
（规范性附录）
气相色谱测定含量

C.1 检测原理

气相色谱仪以气体作为流动相，固体或液体作为固定相。样品以气体流动相为载气，在两相之间流动，因为对于两相分配系数不同，经过反复分配，最后不同物质能够分离开来。同时相同物质在相同色谱条件下具有相同的保留时间，由此可对样品组分分离。同时通过对高纯度标准品的色谱图进行比对，可对目标组分定量。

C.2 试剂与材料

C.2.1 二氯甲烷（CH_2CL_2）

C.2.2 硫代磺酸乙基酯和乙烯基磺酰氟标准品，纯度≥90%。

C.3 仪器器材和相关参数设定

C.3.1 气相色谱–质谱联用仪，配有 FID 检测器

C.3.2 分析天平，感量 0.1mg 和 0.01g

C.3.3 容量瓶：10mL

C.3.4 色谱参考条件

C.3.4.1 **色谱柱：**

30m x 0.53mm x0.125μm；

固定相：HP–5 非极性柱

C.3.4.2 **温度**

进样口温度：280℃

柱温：初始温度 50℃ 保温 3 分钟，以 15 oC/分钟升温到 300 ℃，保温 5 分钟后结束。

C.3.4.3 **载气和进样**

载气：氮气，纯度≥99.999%；

进样方式：分流进样，分流比 30：1

进样量：0.5μL

C.4 标准系列溶液配制和样品处理

C.4.1 分别称取硫代磺酸乙基酯和乙烯基磺酰氟标准品 1g（精确到 0.1mg），用二氯甲烷溶解并定容至 10mL，配置为浓度 100g/L 的标准溶液。该溶液与 –18℃下可保存 6 个月。

C.4.2 分别吸取 C.4.1.1 所配置标准溶液，用二氯甲烷稀释并定容，配制为系列梯度标准工作曲线溶液。浓度范围：10mg/mL ~ 100mg/mL。

C.4.3 称取待测样品 1g（精确到 0.1mg），用二氯甲烷溶解并定容至 10mL，为待测溶液。

C.4.4 取标准工作曲线溶液，浓度从低到高，依次进样测试。以标准工作曲线的质量浓度为横坐标，各点的峰面积为纵坐标，画出标准工作曲线并且计算回归方程。

C.4.5 将待测试样注入气相色谱仪，以试样处理液的特征峰面积与标准工作曲线比对，并带入回归方程计算试样中的质量浓度 ρ。

C.4.6 在得到气相色谱图的同时，得到标准品和待测试样特征峰的 EI 质谱图。

C.4.7 结果计算和化学成分确定

根据色谱法分离分析原理，相同物质在相同条件下，在色谱柱上的保留时间不变。可通过寻找和标准溶液相同保留时间的特征峰，将待测样品的特征峰面积值 A 带入标准工作曲线的回归方程中，计算待测样品中的有效物质质量浓度 ρ，根据下式得到待测样品有效成分含量：

$$X\% = \frac{\rho V}{m} \cdot w$$

ρ——待测样品中有效物质质量浓度，mg/L

m——称取样品质量，g

V——试样定容体积，mL

w——标准样品的浓度（%）

X——待测样品有效物质质量百分数

C.5 气相色谱的精密度

C.5.1 重复性

在重复性条件下获得两次独立测定结果的绝对值，不大于两次测定平均值的10%。

C.5.2 再现性

在再现性条件下获得两次独立测定结果的绝对值，不大于两次测定平均值的15%。

C.6 标准物参考谱图

C.6.1 硫代磺酸乙酯

见图3

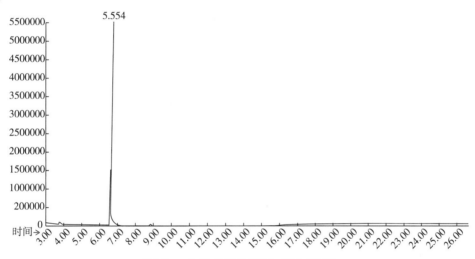

图3 硫代磺酸乙酯气相色谱图

C.6.2 乙烯基璜酰氟

见图4

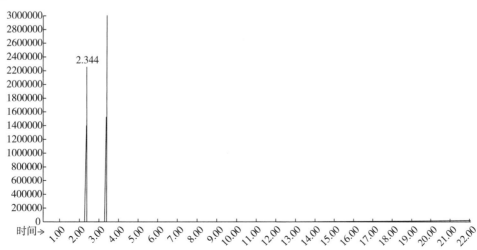

图4 乙烯基璜酰氟气相色谱图

T/WWXT

文物保护装备产业化及应用协同工作平台标准

T/WWXT 0035—2020

馆藏文物保存环境监测 数据评估报告编写规范

Drafting specification for the evaluation report of museum collections preservation environment monitoring data

2020-6-3 发布

文物保护装备产业化及应用协同工作平台 发 布

前　言

本标准依据 GB/T 1.1—2020 给出的规则起草。

本标准由文物保护装备产业化及应用协同工作平台提出并归口。

本标准起草单位：西安元智系统技术有限责任公司、上海博物馆、四川博物院、河南博物院、秦始皇帝陵博物院、陕西历史博物馆、陕西省文物保护研究院、西北工业大学文化遗产研究院、广东省博物馆、四川广汉三星堆博物馆、湖南省博物馆、福建博物院、首都博物馆、天津博物馆、海南州民族博物馆、南宁市博物馆、机械工业仪器仪表综合技术经济研究所、重庆声光电智联电子有限公司、四川星云汇科技有限公司、杭州弘丞科技有限公司。

本标准主要起草人：全定可、徐方圆、张孜江、韦荃、申艾君、邓宏、李杰、马生涛、李华、张群喜、马艺蓉、路智勇、甄刚、贾甲、董文强、张欢、王亚丽、朱亚蓉、余健、段晓明、单晓明、刘亮、潘征、张焕新、邵芳、杜侃、李彬、周庆措、张晓剑、韦文恒、柳晓菁、张茂成、黎林虎、刘宇鹏、胡晖。

本标准为首次发布。

馆藏文物保存环境监测 数据评估报告编写规范

1 范围

本标准规定了馆藏文物保存环境监测数据评估报告（以下简称评估报告）的编制要求、内容和格式。

本标准适用于评估报告的编制。

2 规范性引用文件

下列文件对于本文件的应用是必不可少的。凡是注日期的引用文件，仅所注日期的版本适用于本文件。凡是不注日期的引用文件，其最新版本（包括所有的修改单）适用于本文件。

GB/T 7713.3—2014 科技报告编写规则

WW/T 0066—2015 馆藏文物预防性保护方案编写规范

3 编制要求

3.1 编制理念

评估报告应以问题为导向，按照 WW/T 0066—2015 中 4.1 的"稳定、洁净"理念编制，内容应真实、客观、完整、准确。

3.2 基本要求

监测数据包含在线监测数据和离线检测数据。

报告周期内的典型图例应列入评估报告正文。

报告周期内的监测数据应列入评估报告附件。

应保留报告周期内的原始数据。

3.3 编制周期

评估报告应按季度、年度编制，也可按用户指定的周期编制。

3.4 数据处理流程

评估报告编制的基本流程为：

a）数据采集：用传感器对温度、相对湿度、光照度、紫外辐射强度、二氧化碳浓度、有机挥发物总量、有机污染物环境质量评估当量、无机污染物环境质量评估当量、含硫污染物环境质量评估当量等参数进行采集。被采集量可以是单一参数，也可以是多参数组合。

b）数据清洗：对监测数据的整理、异常数据的识别、粗大误差的处理。

c）数据呈现：监测数据的可视化呈现。

d）数据描述：对图、表进行解释、说明。

e）原因分析：识别监测数据中的重要拐点，解释里程碑事件成因。

f）总结与建议：归纳数据，形成结论，并提出改进建议。

4 报告内容

4.1 概述

评估报告内容应包括评估对象概况、数据来源、评估依据、设备运行情况、数据评估、完善调控建议和附件。

4.2 评估对象概况

评估对象包括但不限于以下内容：

a）展厅、库房数量及面积；

b）文物概况；

c）监测、检测概况；

d）调控概况。

4.3 数据来源

评估报告应列出在线监测终端的布点图，应列出离线数据的获取时间和地点。

4.4 评估依据

评估依据应列示以下内容：

a）法律法规；

b）标准规范。

4.5 设备运行情况

设备运行情况评估应包括但不限于以下内容：

a）故障设备说明；

b）监测终端、检测设备校准情况；

c）监测终端移动情况；

d）监测系统维护情况；

e）监测终端的丢包率。

4.6 数据评估

数据评估包括但不限于以下内容：

a）统计监测数据；

b）分析监测数据；

c）评估调控效果；

d）评估管理状况；

e）形成结论。

4.7 完善调控建议

应依据监测、检测中发现的问题提出优化建议，包含但不限于下述内容：

a）优化监测终端位置；

b）优化监测指标；

c）微环境、小环境改造提升意见；

d）配置调控措施；

e）提出展览及日常养护的建议。

4.8 附件

附件应列出报告周期内的监测数据、监测终端部署图。

5 报告格式

5.1 文本格式

按 GB/T 7713.3—2014 中规定的格式进行。

5.2 封面格式

评估报告的封面，应包括版权警示、博物馆名称和"馆藏文物保存环境监测数据评估报告"字样，以及分析的时间段、编制单位、编制人、审核人、编制时间等信息。

封面格式应遵照附录 A。

5.3 评估信息表

评估信息表格式应遵照附录 B。

附录 A
（规范性附录）
封面格式

封面格式见图 A.1。
版权警示：××××××××

馆藏文物保存环境监测数据评估报告

博物馆名称	
评估时间段	
编制单位	
编制人	
审核人	

××××年××月
××××××××制

图 A.1 封面格式

附录 B
（规范性附录）
评估信息表

评估信息表见表 B.1。

表 B.1 评估信息表

报告名称				
编制单位				
评估对象				
评估周期				
评估条件				
评估项目				
评估依据				
评估结论				
报告主要编制人员	姓名		签名	
	单位			
	编制范围			
报告主要编制人员	姓名		签名	
	单位			
	编制范围			
报告主要编制人员	姓名		签名	
	单位			
	编制范围			
报告审核人员	姓名		签名	
	单位			

T/WWXT

文物保护装备产业化及应用协同工作平台标准

T/WWXT 0036—2020

馆藏文物运输过程监测　监测系统应用要求

Transportation process monitoring of museum collected cultural relics – Monitoring system – Application requirements

2020-6-3 发布

文物保护装备产业化及应用协同工作平台　发 布

前　言

本标准依据 GB/T 1.1—2020 给出的规则起草。

本标准由文物保护装备产业化及应用协同工作平台提出并归口。

本标准起草单位：西安元智系统技术有限责任公司、中国文物交流中心、安徽博物院、上海博物馆、四川博物院、陕西历史博物馆、秦始皇帝陵博物院、西安博物院、西北工业大学文化遗产研究院、广东省博物馆、湖北省博物馆、福建博物院、天津博物馆、首都博物馆、四川广汉三星堆博物馆、南宁市博物馆、机械工业仪器仪表综合技术经济研究所、上海特锐艺术展览服务股份有限公司。

本标准主要起草人：刘永波、谭平、江勤、陈昀、徐方圆、郑龙亭、全定可、邓宏、张孜江、韦荃、侯宁彬、胡薇、梁彦民、马生涛、王锋钧、徐诺、董文强、张欢、王亚丽、周松峦、张晓珑、潘征、张焕新、李彬、邵芳、杜侃、朱亚蓉、余健、覃忠、洪亲岳、刘刚、张润。

本标准为首次发布。

馆藏文物运输过程监测　监测系统　应用要求

1　范围

本标准规定了馆藏文物运输过程监测系统（以下简称监测系统）的总体要求、监测终端要求、监测软件平台（以下简称软件平台）功能要求、软件平台性能要求及其他要求。

本标准适用于监测系统的建设和应用。

2　规范性引用文件

下列文件对于本文件的应用是必不可少的。凡是注日期的引用文件，仅注日期的版本适用于本文件。凡是不注日期的引用文件，其最新版本（包括所有的修改单）适用于本文件。

T/WWXT 0001—2015　馆藏文物预防性保护装备　术语

3　术语和定义

T/WWXT　0001—2015 界定的以及下列术语和定义适用于本文件。

3.1

监测系统　monitoring system

由监测终端、监测软件平台组成的，用于对馆藏文物运输过程中的环境、位置等信息进行监测并提供查询、统计、分析及异常报警的系统。

3.2

软件平台　software platform

对运输过程监测数据提供存储、处理、查询、统计、分析及异常报警的软件系统。

4　总体要求

监测系统总体要求如下：

a）安全性。监测系统应具有可靠的安全与保密性，应根据有关法规和标准的要求进行系统的安全与保密设计，并建立严格的安全运行与保密管理制度。

b）实用性。监测系统建设应在技术指标、标准体系、产品模式、数据库模式等方面面向馆藏文物运输过程监测应用。

c）兼容性。监测系统可接入馆藏文物预防性保护领域的监测指标。

d）扩展性。监测系统应为音视频等多种非结构化数据预留接口。

e）先进性。监测系统应充分利用当前先进的、适宜的技术手段，采用成熟的设计方案、技术标准、硬件平台和软件环境，实现对多尺度、多数据源的监测数据管理。

f）可靠性。监测系统应充分考虑不同地区、不同场景的应用，确保能稳定可靠地运行。

4.1　系统架构

监测系统物理架构见图1。

软件平台可接入多个网关和监测终端。

监测终端向软件平台提供运输过程中的监测数据。

监测终端可以直接与软件平台通信，也可以经网关与软件平台通信。

4.2　监测指标

监测指标包含但不限于温湿度、车门及文物包装箱体的开关状态（以下简称开关门）、振动、车速、经纬度等。

监测终端可监测单指标，也可以监测复合指标。

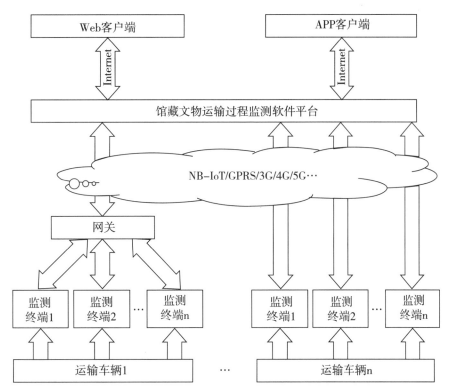

图1 监测系统物理架构

5 监测终端要求

5.1 校准要求

监测终端应在校准期内，并具备国家计量部门出具的校准报告。

5.2 参数设置

监测终端宜支持采样周期、传输周期及阈值等参数的设置。

5.3 安装要求

温湿度监测终端宜部署于文物包装箱或囊匣内。

开关门监测终端宜部署于文物运输车门或包装箱体门处。

振动监测终端应与文物包装箱体牢固连接，且部署位置的振动应可代表文物本体的振动。

车速、经纬度监测终端宜部署于车内无线信号较优处。

5.4 采样及传输

5.4.1 温度及湿度

采样及传输周期：≤10min。

5.4.2 开关门

采样周期：≤1s；

车门关闭期间，传输周期：≤10min；

车门由关闭状态切换为开启状态后，传输周期：≤2s。

5.4.3 振动

采样频率：≥200Hz；

振动强度未超阈值时，传输周期：≤10min；

振动强度超阈值时，应在5s内传输振动强度的正峰值及负峰值等指标。

5.4.4 车速

采样及传输周期：≤2s。

5.4.5 经度及纬度

采样及传输周期：≤2s。

6 软件平台功能要求

6.1 设置要求

6.1.1 运输路线

在运输开始前，可对软件平台进行基本信息初始化设置，包含但不限于以下内容：

软件平台可同时设置多条运输路线，每条运输路线可同时绑定多辆车。

软件平台应可录入每条运输路线的起点、终点和运输开始时间。

软件平台应可录入每条运输路线负责人的姓名、手机号码。

软件平台应可录入运输车辆的车牌号、驾驶员姓名、手机号码。

软件平台应可录入运输车辆上配置的监测终端。

6.1.2 阈值设置

软件平台应可设置各监测终端的监测指标阈值及最长失联时间阈值。

6.2 监测要求

6.2.1 监测数据

温度数据保留一位小数，单位:℃；

湿度数据保留一位小数，单位:%RH；

车门关闭时，软件平台显示：关闭；

车门开启时，软件平台显示：开启；

振动数据保留两位小数，单位：g；

车速数据保留到整数，单位：km/h；

经度数据保留五位小数，单位:°；

纬度数据保留五位小数，单位:°。

6.2.3 呈现方式

软件平台应可基于地图显示文物运输车辆的实时车速、行驶轨迹；

软件平台应可基于图表显示各监测指标的实时数据；

软件平台应可查询各监测终端的历史数据，并宜对多维数据进行组合分析。

6.3 报警要求

6.3.1 报警原则

软件平台包括准备、布防和撤防三个状态机。

软件平台处于布防状态时，启用报警功能。

软件平台处于准备、撤防状态时，不报警。

6.3.2 报警手段

软件平台为运输路线负责人及其他干系人提供的报警手段，包括但不限于：

a) 发送报警短信；

b) 发送报警邮件；

c) 在软件平台主页面提示报警信息。

6.3.3 报警策略

监测终端失联时间超过用户设置的最长失联时间阈值时，软件平台应报警。

温度、相对湿度、振动、车速数据超出用户设置的阈值时，软件平台应报警。

车门状态由关闭切换到开启，软件平台应报警，报警事件未经运输路线负责人处理，不得终止。

对于有预设路线的运输车辆，软件平台应依据经纬度进行偏航报警。

6.4 统计分析

运输完成后，软件平台应可基于单项监测指标自动生成数据分析报告。

软件平台宜可对于多指标深度耦合的应用，提供多维数据拟合分析功能。

7 软件平台性能要求

7.1 可靠性

软件平台可靠性要求如下：

a）支持 7×24h 不间断运行；

b）在没有外部因素影响的情况下，故障恢复时间不超过 2h。

7.2 并发性

软件平台可支持的最大并发操作用户数：≥100 人。

7.3 响应时间

软件平台对简单事务查询的平均响应时间：≤2s，对复杂事务查询的平均响应时间：≤10s。

8 其他要求

8.1 安全要求

软件平台应支持用户管理、权限管理、日志管理功能。

软件平台应记录所有用户的所有操作履历，并具有防篡改功能。

8.2 扩展要求

软件平台宜具备接入音视频数据、图像数据的能力。

8.3 存储和备份

软件平台的数据存储和备份工作要求如下：

a）软件平台应具备数据存储、备份与恢复功能；

b）软件平台应存储所有的报警数据、重要的历史数据；

c）软件平台宜具备弹性存储能力，数据存储时间不得少于 183d；

d）应建立数据备份机制，至少每周对数据进行一次全备份。

8.4 通信要求

网络通信应支持 IETF RFC 5246 的 256 位 TLS 加密技术。

网络通信宜采用 MQTT 协议，使用 JSON 格式的交互数据。

————————————

T/WWXT

文物保护装备产业化及应用
协同工作平台标准

T/WWXT 0037—2020

馆藏文物运输过程监测　监测终端
定位

Transportation process monitoring of museum collected cultural
relics – Monitoring terminal – Positioning

2020-6-3 发布

文物保护装备产业化及应用协同工作平台　发 布

前　言

本标准依据 GB/T 1.1—2020 给出的规则起草。

本标准由文物保护装备产业化及应用协同工作平台提出并归口。

本标准起草单位：西安元智系统技术有限责任公司、上海博物馆、陕西历史博物馆、四川博物院、秦始皇帝陵博物院、西北工业大学、湖南省博物馆、湖北省博物馆、四川广汉三星堆博物馆、南宁市博物馆、机械工业仪器仪表综合技术经济研究所、重庆声光电智联电子有限公司。

本标准主要起草人：全定可、徐方圆、胡薇、贺达炘、张孜江、韦荃、邓宏、李飞刚、王东峰、朱明月、张若南、陈叙良、刘亮、周松峦、江旭东、朱亚蓉、余健、覃忠、陆宇鹏、柳晓菁、张茂成。

本标准为首次发布。

馆藏文物运输过程监测　监测终端　定位

1　范围

本标准规定了文物在运输过程中，文物运输定位监测终端（以下简称监测终端）的基本参数、工作条件、技术要求、试验方法、检验规则、标志、包装、运输和贮存。

本标准适用于馆藏文物运输载体所用定位监测终端的设计、制造和应用。

2　规范性引用文件

本标准内容引用了下列文件中的条款。凡是不注日期的引用文件，其最新版本适用于本标准。

下列文件对于本文件的应用是必不可少的。凡是注日期的引用文件，仅所注日期的版本适用于本文件。凡是不注日期的引用文件，其最新版本（包括所有的修改单）适用于本文件。

GB/T 2423.56—2018　环境试验 第2部分：试验方法试验 Fh：宽带随机振动和导则

GB/T 4208—2017　外壳防护等级（IP代码）

JTT 1253—2019　道路运输车辆卫星定位系统车载终端检测方法

T/WWXT 0001—2015　馆藏文物预防性保护装备　术语

T/WWXT 0007—2015　馆藏文物预防性保护装备　环境适应性试验方法

T/WWXT 0008—2015　馆藏文物预防性保护装备　可靠性鉴定方法

T/WWXT 0011—2015　馆藏文物保存环境监测　监测终端　基本要求

3　术语和定义

T/WWXT　0001—2015 界定的以及下列术语和定义适用于本文件。

3.1

定位监测终端　positioning monitoring terminal

安装运行在运输载体上，可以采集并上传地理位置信息的终端设备。

4　工作条件

4.1　定位系统

监测终端应支持北斗定位系统，宜同时支持 GPS。

4.2　网络传输

监测终端应支持移动网络传输，至少支持 GPRS。

4.3　供电电源

监测终端宜采用电池供电，可支持外部电源供电。

4.4　正常工作条件

温度：−20℃~70℃；

湿度：0%RH~98%RH（无冷凝）；

大气压力：80kPa~106 kPa。

5　技术要求

5.1　功能要求

5.1.1　数据采集

运输过程中，监测终端应每秒采集经度、纬度及速率数据。

5.1.2　数据传输

监测终端应符合 T/WWXT 0011—2015 中 4.1 的规定的要求。

5.1.3 数据存储

监测终端应能够存储数据和时间戳,且具备掉电非易失特性,满足7d的存储要求。

5.1.4 数据回补

联网状态下,监测终端应主动回补已存储的所有数据,直至传输成功。

5.1.5 时间管理

监测终端应具备在线校时功能,上传的采样数据应带时间戳。

5.1.6 低电示警

监测终端应具备电池电压检测功能,并可提示低电。

5.2 性能要求

5.2.1 测量精度

水平定位:≤15m;

速率:≤2m/s。

5.2.2 高温工作

监测终端在(70 ± 2)℃条件下保持2h,工作4h,试验完成后应符合本标准5.2.1的要求。

5.2.3 低温工作

监测终端在(−20 ± 2)℃条件下保持2h,工作4h,试验完成后应符合本标准5.2.1的要求。

5.2.4 恒定湿热工作

监测终端在(40 ± 2)℃、(90 ± 2%)RH条件下保持2h,工作2h,试验完成后应符合本标准5.2.1的要求。

5.2.5 可靠性

监测终端的可靠性等级不低于REL4级,即 MTBF ≥ 16000h,试验完成后应符合本标准中5.2.1规定的要求。

5.2.6 电池续航

在外部供电切断情况下,监测终端数据上传周期为1s时,其内部电池应能保证其持续工作7d以上。

5.2.7 丢包率

监测终端正常运行期间,丢包率应小于1‰。

5.2.8 电磁兼容

应符合T/WWXT 0011—2015中4.4的规定的要求。

5.2.9 外观外壳防护等级

应符合GB/T 4208—2017规定的IP20要求。

5.2.10 外观

监测终端表面不应有明显划痕、裂缝、变形和污染,表面涂镀层应均匀,不应起泡、龟裂、脱落和磨损。

5.2.11 随机振动

监测终端在下述试验结束后,应符合本标准中5.2.1规定的要求。

——频率范围:5Hz～150Hz;

——加速度均方根值:竖向7.8m/s²、水平纵向5.4m/s²、水平横向3.5m/s²;

——加速度谱密度的谱型:应符合GB/T 2423.56—2018中附录A图A.3的要求;

——每个轴向持续时间2h。

6 试验方法

6.1 试验环境

试验应在下列条件下进行:

a）温度：15 ℃ ～ 35 ℃；

b）湿度：≤ 75% RH；

c）大气压力：80 kPa ～ 106 kPa。

6.2 功能试验

6.2.1 数据采集及传输试验

数据采集及传输试验方法如下：

a）设定采样频率：1 次/s；

b）在该状态下至少持续运行 600 个周期；

c）验证至少有最近的 600 个连续完整数据包。

6.2.2 数据存储及回补试验

数据存储及回补试验方法如下：

g）设定采样频率：1 次/s；

h）运行 1min 后，模拟通信中断状态，并在该状态下至少持续运行 7d；

i）该监测终端重新开关机，并立即恢复其通信链路；

j）验证 7d 内连续完整的数据包。

6.2.3 时间管理试验

时间管理试验方法如下：

a）设定服务器的时间为测试日期前一天的随机时间；

b）监测终端上电；

c）该监测终端应按照服务器修改后的时间进行数据采集；

d）恢复服务器的时间；

e）该监测终端应按照服务器恢复后的时间进行数据采集。

6.2.4 低电示警试验

低电示警试验方法如下：

a）正常运行的监测终端应上报其采样时刻的电压值；

b）当监测终端电压值达到说明书描述的低电阈值时，系统应主动告知用户该监测终端已低电。

6.3 性能试验

6.3.1 精度误差试验

按 JTT 1253—2019 中 7.3.3 规定的精度试验方法进行。

6.3.2 高温试验

按 T/WWXT 0007—2015 中 6.2 规定的高温试验方法进行。

6.3.3 低温试验

按 T/WWXT 0007—2015 中 6.1 规定的低温试验方法进行。

6.3.4 恒定湿热试验

按 T/WWXT 0007—2015 中 6.3 规定的恒定湿热试验方法进行。

6.3.5 可靠性试验

按 T/WWXT 0008—2015 规定的试验室定时截尾或加速试验方法进行试验。

6.3.6 电池续航试验

r）通过加快监测终端采样频率，检验其内部电池续航能力的方法如下：

a）通过公式（1）计算出监测终端能够正常工作的次数 n；

$$n = \frac{0.6Q}{\int_0^{t_s} I_s d_{t_s} + \int_0^{t_w} I_w d_{t_w}} \tag{1}$$

式中：

n ——监测终端续航周期内可正常工作的次数；

Q ——电池总电量，取其 60% 为监测终端可使用电量，单位为库仑（C）；

I_s ——休眠电流，单位为安培（A）；

I_w ——工作电流，单位为安培（A）；

t_s ——休眠时间，单位为秒（s）；

t_w ——工作时间，单位为秒（s）。

u）根据监测终端实际情况，将其休眠时间调至最小后持续测试；

v）监测终端应至少能持续运行 n 个工作周期。

6.3.7 丢包率试验

丢包率试验方法如下：

a）设定监测终端采样频率：1 次/1s；

b）持续运行1d；

c）统计丢包率。

6.3.8 电磁兼容

按 T/WWXT 0011—2015 中 5.5 规定的方法进行试验。

6.3.9 外壳防护等级试验

按 GB/T 4208—2017 规定的试验方法进行。

6.3.10 外观试验

通过目测和手拨动的方法检查。

6.3.11 随机振动试验

按 GB/T 2423.56—2018 第 8 章规定的方法进行试验。

7 检验规则

7.1 批次

同一规格、型号、在相同生产条件下生产的单件产品为一批次。

7.2 检验分类

监测终端的检验分为出厂检验和型式检验。

出厂检验和型式检验项目见表1。

表1 出厂检验和型式检验项目

序号	项目	技术要求条款	试验方法条款	型式检验	出厂检验
1	数据采集	5.1.1	6.2.1	○	○
2	数据传输	5.1.2	6.2.1	○	○
3	数据存储	5.1.3	6.2.2	○	－
4	数据回补	5.1.4	6.2.2	○	－
5	时间管理	5.1.5	6.2.3	○	－
6	低电示警	5.1.6	6.2.4	○	－
	测量精度	5.2.1	6.3.1	○	○
7	高温工作	5.2.2	6.3.2	○	－
8	低温工作	5.2.3	6.3.3	○	－

续表

序号	项目	技术要求条款	试验方法条款	型式检验	出厂检验
9	恒定湿热工作	5.2.4	6.3.4	○	—
10	可靠性	5.2.5	6.3.5	○	—
11	电池续航	5.2.6	6.3.6	○	—
12	丢包率	5.2.7	6.3.7	○	—
13	电磁兼容	5.2.8	6.3.8	○	—
14	外壳防护等级	5.2.9	6.3.9	○	—
15	外观	5.2.10	6.3.10	○	○
16	随机振动	5.2.11	6.3.11	○	—
表中"○"为检测项目；"—"为不检测项目；外观检查两次，应为最初、最后工序，其他项目顺序不限。					

7.3 出厂检验

7.3.1 实施

每批产品的出厂检验由制造商质量检验部门进行逐件检验。

7.3.2 判定

出厂检验项目全部合格的产品准予出厂，并应附有产品质量合格证；出厂检验结果若有不合格项时，可对缺陷产品进行修复，修复后的产品需重新进行检验，检验合格后准予出厂。

7.4 型式检验

7.4.1 抽样

根据检验批的批量大小，如果批量小于等于 3 台，对该检验批进行全数检验，如果批量大于 3 台，抽取 4 台进行检测。

7.4.2 实施

型式试验在出厂检验合格的产品中抽取检验样品，应委托有资质的第三方检测部门检测。

有下列情况之一时，应进行型式试验：

a）新产品鉴定或定型投产前；

b）产品转厂生产时；

c）正式生产后因结构、材料、工艺有较大改变可能影响产品性能时；

d）产品停产 18 个月以上，恢复生产时；

e）正常生产时，每 4 年至少进行一次的检验；

f）出厂检验结果与上次型式检验结果差异较大；

g）发生重大质量事故；

h）国家质量监督机构提出进行型式检验要求时。

7.4.3 判定

检验结果全部符合本标准规定的要求，则判定该批产品合格。

检验中，若有某项不合格，应立即停止检验进行分析，找出原因并采取纠正措施，对不合格项加倍重新进行检验，若合格，则判该批产品合格。

8 标志、包装、运输、贮存

8.1 标志

应在专用多参数监测仪外壳的显著位置按国家有关规定标示以下事项：

a）名称和型号；

b）使用环境温度范围；

c）电源类别和容量；

d）制造厂名称；

e）产品编号；

f）出厂日期和生产批号。

8.2 包装

产品包装必须保证专监测终端在运输、存放过程中不受机械损伤，并防潮、防尘。

包装箱内应有下列技术文件：

a）产品合格证；

b）产品使用说明书；

c）产品备件和附件一览表。

8.3 运输

包装好的产品应适合铁路、公路及水路运输，运输过程中应防雨、防潮、避免强烈的振动与撞击。

8.4 贮存

宜存放在通风良好，无腐蚀性气体的仓库内。

温度：10 ℃ ～ 35 ℃；

湿度：20% RH ～ 80% RH；

贮存周期：≤ 6 个月。

———————————

T/WWXT

文物保护装备产业化及应用
协同工作平台标准

T/WWXT 0038—2020

馆藏文物运输过程监测 监测终端
温湿度

Transportation process monitoring of museum collected cultural
relics – Monitoring terminal – Temperature and humidity

2020-6-3 发布

文物保护装备产业化及应用协同工作平台 发 布

前　言

本标准根据 GB/T 1.1—2020 给出的规则起草。

本标准由文物保护装备产业化及应用协同工作平台提出并归口。

本标准起草单位：西安元智系统技术有限责任公司、上海博物馆、湖北省博物馆、四川博物院、河南博物院、秦始皇帝陵博物院、陕西历史博物馆、陕西省考古研究院、四川广汉三星堆博物馆、南宁市博物馆、陕西师范大学、机械工业仪器仪表综合技术经济研究所、重庆声光电智联电子有限公司。

本标准主要起草人：杨双国、徐方圆、江旭东、张孜江、单晓明、韦荃、邓宏、全定可、马生涛、朱明月、胡薇、李文怡、宋俊荣、严静、张晓珑、朱亚蓉、余健、申艾君、黄嘉文、覃玲美、吴晓军、张玉梅、彭仕霖、张茂成。

本标准为首次发布。

馆藏文物运输过程监测 监测终端 温湿度

1 范围

本标准规定了馆藏文物运输过程监测系统用温湿度监测终端（以下简称监测终端）的基本参数、工作条件、技术要求、试验方法、检验规则、标志、包装、运输和贮存。

本标准适用于馆藏文物运输载体所用温湿度监测终端的设计、制造和应用。

2 规范性引用文件

下列文件对于本文件的应用是必不可少的。凡是注日期的引用文件，仅所注日期的版本适用于本文件。凡是不注日期的引用文件，其最新版本（包括所有的修改单）适用于本文件。

GB/T 2423.56—2018 环境试验 第 2 部分：试验方法试验 Fh：宽带随机振动和导则

GB/T 4208—2017 外壳防护等级（IP 代码）

T/WWXT 0001—2015 馆藏文物预防性保护装备 术语

T/WWXT 0007—2015 馆藏文物预防性保护装备 环境适应性试验方法

T/WWXT 0008—2015 馆藏文物预防性保护装备 可靠性鉴定方法

T/WWXT 0011—2015 馆藏文物保存环境监测 监测终端 基本要求

T/WWXT 0012—2015 馆藏文物保存环境监测 监测终端 温湿度

3 术语和定义

T/WWXT 0001—2015 界定的术语和定义适用于本文件。

4 工作条件

4.1 供电电源

监测终端宜采用电池供电，可支持外部电源供电。

4.2 正常工作条件

温度：－20℃～70℃；

湿度：0% RH～98% RH（无冷凝）；

大气压力：80kPa～106kPa。

5 技术要求

5.1 功能要求

5.1.1 数据传输

监测终端应符合 T/WWXT 0011—2015 中 4.1 的规定的要求。

5.1.2 数据存储

监测终端应能够存储数据和时间戳，且具备掉电非易失特性，存储容量不少于 2000 条。

5.1.3 数据回补

联网状态下，监测终端应主动回补已存储的所有数据，直至传输成功。

5.1.4 时间管理

监测终端应具备在线校时功能，上传的采样数据应带时间戳。

5.1.5 低电示警

监测终端应具备电池电压检测功能，并可提示低电。

5.1.6 同步采样

多台监测终端应在同一时刻采样。

5.1.7 指令执行

监测终端可根据外部无线指令调整采样频率、时钟等。

5.2 性能要求

5.2.1 基本误差

温度测量准确度：在（15 ℃ ~ 30 ℃）范围内，±0.3 ℃；在（-20℃ ~ 15℃或30 ℃ ~ 70℃）范围内，±0.9 ℃。

湿度测量准确度：在（40 % RH ~ 80 % RH）范围内，±2 % RH；在（0 % RH ~ 40 % RH 或 80 % RH ~ 98 % RH）范围内，±4 % RH。

5.2.2 高温工作

监测终端在（70 ± 2）℃条件下保持 2h，工作 4h，试验完成后应符合本标准5.2.1的要求。

5.2.3 低温工作

监测终端在（-20 ± 2）℃条件下保持 2h，工作 4h，试验完成后应符合本标准5.2.1的要求。

5.2.4 恒定湿热工作

监测终端在（40 ± 2）℃、（90 ± 2%）RH 条件下保持 2h，工作 2h，试验完成后应符合本标准5.2.1的要求。

5.2.5 可靠性

监测终端的可靠性等级不低于 REL4 级，即 MTBF ≥ 16000h，试验完成后应符合本标准5.2.1的要求。

5.2.6 电池续航

设定监测终端的数据上传周期 1 次/10min，在外部供电切断情况下，其内部电池应能保证其持续工作 30d 以上。

5.2.7 丢包率

监测终端正常运行期间，丢包率应小于1‰。

5.2.8 电磁兼容

监测终端应符合 T/WWXT 0011—2015 中4.4的规定的要求。

5.2.9 外壳防护等级

监测终端应符合 GB/T 4208—2017 规定的 IP20 要求。

5.2.10 外观

监测终端应符合 T/WWXT 0012—2015 中5.2.11的规定的要求。

5.2.11 随机振动

监测终端在下述试验结束后，应符合本标准中5.2.1规定的要求。

——频率范围：5Hz ~ 150Hz；

——加速度均方根值：竖向 7.8m/s²、水平纵向 5.4m/s²、水平横向 3.5m/s²；

——加速度谱密度的谱型：应符合 GB/T 2423.56—2018 中附录 A 图 A.3 的要求；

——每个轴向持续时间 2h。

6 试验方法

6.1 试验环境

试验应在下列条件下进行：

温度：15 ℃ ~ 35 ℃；

湿度：≤ 75% RH；

大气压力：80 kPa ~ 106 kPa。

6.2 功能试验

6.2.1 数据传输试验

数据传输试验方法如下：

a) 设定采样频率：1 次/2min；

b) 在该状态下至少持续运行 10 个周期；

c) 验证至少有最近的 10 个连续完整数据包。

6.2.2 数据存储及回补试验

数据存储及回补试验方法如下：

a) 设定采样频率：1 次/2s；

b) 运行一个周期后，模拟通信中断状态，并在该状态下至少持续运行 2000 个周期；

c) 该监测终端重新开关机，并立即恢复其通信链路；

d) 验证至少有最近的 2000 个连续完整的数据包。

6.2.3 时间管理试验

时间管理试验方法如下：

a) 设定服务器的时间为测试日期前一天的随机时间；

b) 监测终端上电；

c) 该监测终端应按照服务器修改后的时间进行数据采集；

d) 恢复服务器的时间；

e) 该监测终端应按照服务器恢复后的时间进行数据采集。

6.2.4 低电示警试验

低电示警试验方法如下：

a) 正常运行的监测终端应上报其采样时刻的电压值；

b) 当监测终端电压值达到制造商宣称的低电阈值时，系统应主动告知用户该监测终端已低电。

6.2.5 同步采样试验

同步采样试验方法如下：

a) 选取 5 个同类监测终端，设定其采样频率：1 次/2min；

b) 连续运行 24h；

c) 统计每个采样周期各监测终端之间最大的时间偏差；

d) 每个采样周期各监测终端之间最大的时间偏差不超过 1s。

6.2.6 指令执行试验

指令执行试验方法如下：

a) 设定采样频率；

b) 运行一个周期后，在服务器上发送控制指令，修改其采样频率；

c) 监测终端应按照修改后的采样频率上传数据。

6.3 性能试验

6.3.1 基本误差试验

6.3.2.1 温度基本误差试验

按 T/WWXT 0012—2015 中 6.2.1.1 规定的方法进行试验。

6.3.2.2 湿度基本误差试验

按 T/WWXT 0012—2015 中 6.2.1.2 规定的方法进行试验。

6.3.2 高温试验

按 T/WWXT 0007—2015 中 6.2 规定的高温试验方法进行。

6.3.3 低温试验

按 T/WWXT 0007—2015 中 6.1 规定的低温试验方法进行。

6.3.4 恒定湿热试验

按 T/WWXT 0007—2015 中 6.3 规定的恒定湿热试验方法进行。

6.3.5 可靠性试验

按 T/WWXT 0008—2015 规定的试验室定时截尾或加速试验方法进行试验。

6.3.6 续航能力试验

通过加快监测终端采样频率，检验其内部电池续航能力的方法如下：

a）通过公式（1）计算出监测终端能够正常工作的次数 n；

$$n = \frac{0.6Q}{\int_0^{t_s} I_s d_{t_s} + \int_0^{t_w} I_w d_{t_w}}$$ （1）

式中：

n ——监测终端续航周期内可正常工作的次数；

Q ——电池总电量，取其 60% 为监测终端可使用电量，单位为库仑（C）；

I_s ——休眠电流，单位为安培（A）；

I_w ——工作电流，单位为安培（A）；

t_s ——休眠时间，单位为秒（s）；

t_w ——工作时间，单位为秒（s）。

b）根据监测终端实际情况，将其休眠时间调至最小后持续测试；

c）监测终端应至少能持续运行 n 个工作周期。

6.3.7 丢包率试验

丢包率试验方法如下：

a）设定监测终端采样频率：1 次/1min；

b）持续运行 1d；

c）统计丢包率。

6.3.8 电磁兼容

按 T/WWXT 0011—2015 中 5.5 规定的方法进行试验。

6.3.9 外壳防护等级试验

按 GB/T 4208—2017 规定的试验方法进行。

6.3.10 外观试验

通过目测和手拨动的方法检查。

6.3.11 随机振动试验

按 GB/T 2423.56—2018 第 8 章规定的方法进行试验。

7 检验规则

7.1 批次

同一规格、型号、在相同生产条件下生产的单件产品为一批次。

7.2 检验分类

监测终端的检验分为出厂检验和型式检验。

出厂检验和型式检验项目见表 1。

表 1　出厂检验和型式检验项目

序号	项目	技术要求条款	试验方法条款	型式检验	出厂检验
1	数据传输	5.1.1	6.2.1	○	○
2	数据存储	5.1.2	6.2.2	○	—
3	数据回补	5.1.3	6.2.2	○	—
4	时间管理	5.1.4	6.2.3	○	—
5	低电示警	5.1.5	6.2.4	○	—
6	同步采样	5.1.6	6.2.5	○	—
7	指令执行	5.1.7	6.2.6	○	—
9	基本误差	5.2.1	6.3.1	○	○
10	高温工作	5.2.2	6.3.2	○	—
11	低温工作	5.2.3	6.3.3	○	—
12	恒定湿热工作	5.2.4	6.3.4	○	—
13	可靠性	5.2.5	6.3.5	○	—
14	电池续航	5.2.6	6.3.6	○	—
15	丢包率	5.2.7	6.3.7	○	—
16	电磁兼容	5.2.8	6.3.8	○	—
17	外壳防护等级	5.2.9	6.3.9	○	—
18	外观	5.2.10	6.3.10	○	○
19	随机振动	5.2.11	6.3.11	○	—

表中"○"为检测项目；"—"为不检测项目；外观检查两次，应为最初、最后工序，其他项目顺序不限。

7.3　出厂检验

7.3.1　实施

每批产品的出厂检验由制造商质量检验部门进行逐件检验。

7.3.2　判定

出厂检验项目全部合格的产品准予出厂，并应附有产品质量合格证；出厂检验结果若有不合格项时，可对缺陷产品进行修复，修复后的产品需重新进行检验，检验合格后准予出厂。

7.4　型式检验

7.4.1　抽样

根据检验批的批量大小，如果批量小于等于 3 台，对该检验批进行全数检验，如果批量大于 3 台，抽取 4 台进行检测。

7.4.2　实施

型式试验在出厂检验合格的产品中抽取检验样品，应委托有资质的第三方检测部门检测。

有下列情况之一时，应进行型式试验：

a) 新产品鉴定或定型投产前；

b) 产品转厂生产时；

c) 正式生产后因结构、材料、工艺有较大改变可能影响产品性能时；

d) 产品停产 18 个月以上，恢复生产时；

e）正常生产时，每 4 年至少进行一次的检验；

f）出厂检验结果与上次型式检验结果差异较大；

g）发生重大质量事故；

h）国家质量监督机构提出进行型式检验要求时。

7.4.3 判定

检验结果全部符合本标准规定的要求，则判定该批产品合格。

检验中，若有某项不合格，应立即停止检验进行分析，找出原因并采取纠正措施，对不合格项加倍重新进行检验，若合格，则判该批产品合格。

8 标志、包装、运输、贮存

8.1 标志

应在专用监测终端外壳的显著位置按国家有关规定标示以下事项：

a）专用监测终端的名称和型号；

b）使用环境温度范围；

c）电源类别和容量；

d）制造厂名称；

e）产品编号；

f）出厂日期和生产批号。

8.2 包装

产品包装必须保证专用监测终端在运输、存放过程中不受机械损伤，并防潮、防尘。

包装箱内应有下列技术文件：

a）产品合格证；

b）产品使用说明书；

c）产品备件和附件一览表。

8.3 运输

包装好的产品应适合铁路、公路及水路运输，运输过程中应防雨、防潮、避免强烈的振动与撞击。

8.4 贮存

宜存放在通风良好，无腐蚀性气体的仓库内。

温度：10 ℃ ～ 35 ℃；

湿度：20% RH ～ 80% RH；

贮存周期 ≤ 12 个月。

T/WWXT

文物保护装备产业化及应用
协同工作平台标准

T/WWXT 0039—2020

馆藏文物运输过程监测　监测终端
振动

Transportation process monitoring of museum collected cultural
relics – Monitoring terminal – Vibration

2020-6-3 发布

文物保护装备产业化及应用协同工作平台　发 布

前　言

本标准根据 GB/T 1.1—2020 给出的规则起草。

本标准由文物保护装备产业化及应用协同工作平台提出并归口。

本标准起草单位：西安元智系统技术有限责任公司、上海博物馆、陕西历史博物馆、秦始皇帝陵博物院、陕西省文物保护研究院、西安碑林博物馆、四川博物院、四川广汉三星堆博物馆、南宁市博物馆、西北工业大学、机械工业仪器仪表综合技术经济研究所、浙江博远电子科技有限公司、重庆声光电智联电子有限公司。

本标准主要起草人：全定可、徐方圆、侯宁彬、梁彦民、胡薇、马生涛、周萍、甄刚、贾甲、邓宏、赵冰、张安兴、刘宁、张孜江、韦荃、朱亚蓉、余健、张晓剑、廖小龙、张若南、匙庆磊、郭健、沈罗刚、李军、张茂成。

本标准为首次发布。

馆藏文物运输过程监测 监测终端 振动

1 范围

本标准规定了馆藏文物运输过程监测系统用振动监测终端（以下简称监测终端）的基本参数、工作条件、技术要求、试验方法、检验规则、标志、包装、运输和贮存。

本标准适用于馆藏文物运输载体所用振动监测终端的设计、制造和应用。

2 规范性引用文件

下列文件对于本文件的应用是必不可少的。凡是注日期的引用文件，仅所注日期的版本适用于本文件。凡是不注日期的引用文件，其最新版本（包括所有的修改单）适用于本文件。

GB/T 2423.56—2018 环境试验 第 2 部分：试验方法试验 Fh：宽带随机振动和导则

GB/T 4208—2017 外壳防护等级（IP 代码）

JJG 676—2000 工作测振仪检定规程

T/WWXT 0001—2015 馆藏文物预防性保护装备 术语

T/WWXT 0007—2015 馆藏文物预防性保护装备 环境适应性试验方法

T/WWXT 0008—2015 馆藏文物预防性保护装备 可靠性鉴定方法

T/WWXT 0011—2015 馆藏文物保存环境监测 监测终端 基本要求

3 术语和定义

T/WWXT 0001—2015 界定的以及下列术语和定义适用于本文件。

3.1

振动监测终端 vibration monitoring terminal

安装运行在运输载体上，可以采集并上传振动数据的终端设备。

3.2

心跳频率 heartbeat frequency

监测终端依据设定的周期，定期上传周期内三轴振动数据的正峰值和负峰值以表明其处于正常工作状态的频次。

4 基本参数、工作条件

4.1 测量范围

振动加速度通道数：3 轴（X、Y、Z）；

加速度测量范围：±8g。

4.2 采样率

> 1000Hz。

4.3 供电电源

监测终端宜采用电池供电，可支持外部电源供电。

4.4 安装要求

宜安装于文物周转箱或囊匣内。

4.5 正常工作条件

温度：−20℃ ~ 70℃；

湿度：0% RH ~ 98% RH（无冷凝）；

大气压力：80kPa ~ 106kPa。

5 技术要求

5.1 功能要求

5.1.1 数据采集

监测终端应根据设定的心跳频率，上传周期内三轴振动数据的正峰值和负峰值。

若振动数据超过设定阈值，则发送此时刻起1s内的有效值、正峰值和负峰值。

5.1.2 数据传输

应符合T/WWXT 0011—2015中4.1的规定的要求。

5.1.3 数据存储

监测终端应能够存储数据和时间戳，且具备掉电非易失特性，存储容量不少于2000条。

5.1.4 数据回补

联网状态下，监测终端应主动回补已存储的所有数据，直至传输成功。

5.1.5 时间管理

监测终端应具备在线校时功能，上传的采样数据应带时间戳。

5.1.6 低电示警

监测终端应具备电池电压检测功能，并可提示低电。

5.1.7 指令执行

监测终端可根据外部无线指令调整采样频率、时钟等。

5.2 性能要求

5.2.1 基本误差

5.2.1.1 参考灵敏度

校准扩展不确定度：≤2%（k=3）。

5.2.1.2 频率响应

≤±10%。

5.2.1.3 幅值非线性度

≤±10%。

5.2.2 高温工作

监测终端在（70±2）℃条件下保持2h，工作4h，试验完成后应符合本标准5.2.1的要求。

5.2.3 低温工作

监测终端在（-20±2）℃条件下保持2h，工作4h，试验完成后应符合本标准5.2.1的要求。

5.2.4 恒定湿热工作

监测终端在（40±2）℃、（90±2%）RH条件下保持2h，工作2h，试验完成后应符合本标准5.2.1的要求。

5.2.5 可靠性

监测终端的可靠性等级不低于REL4级，即MTBF≥16000h，试验完成后应符合本标准5.2.1的要求。

5.2.6 电池续航

监测终端的数据上传周期1次/10min，在外部供电切断情况下，其内部电池应能保证其持续工作30d以上。

5.2.7 电磁兼容

应符合T/WWXT 0011—2015中4.4的规定的要求。

5.2.8 外壳防护等级

应符合GB/T 4208—2017规定的IP20要求。

5.2.9 外观

监测终端表面不应有明显划痕、裂缝、变形和污染，表面涂镀层应均匀，不应起泡、龟裂、脱落和磨损。

5.2.10 随机振动

监测终端在下述试验结束后，应符合本标准中5.1.2规定的要求。

——频率范围：5Hz～150Hz；

——加速度均方根值：竖向7.8m/s^2、水平纵向5.4m/s^2、水平横向3.5m/s^2；

——加速度谱密度的谱型：应符合GB/T 2423.56—2018中附录A图A.3的要求；

——每个轴向持续时间2h。

6 试验方法

6.1 试验环境

试验应在下列条件下进行：

a) 温度：15 ℃ ～ 35 ℃；

b) 湿度：≤ 75% RH；

c) 大气压力：80 kPa ～ 106 kPa。

6.2 功能试验

6.2.1 数据采集及传输试验

数据采集及传输试验方法如下：

a) 设定心跳频率：1 次/2min；

b) 在该状态下至少持续运行10分钟；

c) 验证至少有最近10分钟的连续完整的数据包；

d) 使振动数据超过设定阈值，可观察到1s内的完整数据包。

6.2.2 数据存储及回补试验

数据存储及回补试验方法如下：

a) 设定心跳频率：1 次/1min ～ 1 次/30min；

b) 运行一个周期后，模拟通信中断状态，并在该状态下至少持续运行2000个周期；

c) 该监测终端重新开关机，并立即恢复其通信链路；

d) 验证至少有最近的2000个连续完整的数据包。

6.2.3 时间管理试验

时间管理试验方法如下：

a) 设定服务器的时间为测试日期前一天的随机时间；

b) 监测终端上电；

c) 该监测终端应按照服务器修改后的时间进行数据采集；

d) 恢复服务器的时间；

e) 该监测终端应按照服务器恢复后的时间进行数据采集。

6.2.4 低电示警试验

低电示警试验方法如下：

a) 正常运行的监测终端应上报其采样时刻的电压值；

b) 当监测终端电压值达到制造商宣称的低电阈值时，系统应主动告知用户该监测终端已低电。

6.2.5 指令执行试验

指令执行试验方法如下：

a) 设定心跳频率；

b) 运行一个周期后，在服务器上发送控制指令，修改其心跳频率；

c）监测终端应按照修改后的心跳频率上传数据。

6.3 性能试验

6.3.1 基本误差试验

6.3.1.1 参考灵敏度试验

s）按 JJG676—2000 中 5.2.4.2 规定的试验程序进行试验。

6.3.1.2 频率响应试验

t）按 JJG676—2000 中 5.2.5 规定的试验程序进行试验。

6.3.1.3 幅值非线性度试验

u）按 JJG676—2000 中 5.2.6 规定的试验程序进行试验。

6.3.2 高温试验

按 T/WWXT 0007—2015 中 6.2 规定的高温试验方法进行。

6.3.3 低温试验

按 T/WWXT 0007—2015 中 6.1 规定的低温试验方法进行。

6.3.4 恒定湿热试验

按 T/WWXT 0007—2015 中 6.3 规定的恒定湿热试验方法进行。

6.3.5 可靠性试验

按 T/WWXT 0008—2015 规定的试验室定时截尾或加速试验方法进行试验。

6.3.6 续航能力试验

v）通过加快监测终端采样频率，检验其内部电池续航能力的方法如下：

a）通过公式（1）计算出监测终端能够正常工作的次数 n；

$$n = \frac{0.6Q}{\int_0^{t_s} I_s d_{t_s} + \int_0^{t_w} I_w d_{t_w}} \tag{1}$$

式中：

n ——监测终端续航周期内可正常工作的次数；

Q ——电池总电量，取其 60% 为监测终端可使用电量，单位为库仑（C）；

I_s ——休眠电流，单位为安培（A）；

I_w ——工作电流，单位为安培（A）；

t_s ——休眠时间，单位为秒（s）；

t_w ——工作时间，单位为秒（s）。

b）根据监测终端实际情况，将其休眠时间调至最小后持续测试；

c）监测终端应至少能持续运行 n 个工作周期。

6.3.7 电磁兼容

按 T/WWXT 0011—2015 中 5.5 规定的方法进行试验。

6.3.8 外壳防护等级试验

按 GB/T 4208—2017 规定的试验方法进行。

6.3.9 外观试验

通过目测和手拨动的方法检查。

6.3.10 随机振动试验

按 GB/T 2423.56—2018 第 8 章规定的方法进行试验。

7 检验规则

7.1 批次

同一规格、型号、在相同生产条件下生产的单件产品为一批次。

7.2 检验分类

监测终端的检验分为出厂检验和型式检验。

出厂检验和型式检验项目见表1。

表1 出厂检验和型式检验项目

序号	项目	技术要求条款	试验方法条款	型式检验	出厂检验
1	数据采集	5.1.1	6.2.1	○	○
2	数据传输	5.1.2	6.2.1	○	○
3	数据存储	5.1.3	6.2.2	○	—
4	数据回补	5.1.4	6.2.2	○	—
5	时间管理	5.1.5	6.2.3	○	—
6	低电示警	5.1.6	6.2.4	○	—
7	指令执行	5.1.7	6.2.5	○	—
8	基本误差	5.2.1	6.3.1	○	○
9	高温工作	5.2.2	6.3.2	○	—
10	低温工作	5.2.3	6.3.3	○	—
11	恒定湿热工作	5.2.4	6.3.4	○	—
12	可靠性	5.2.5	6.3.5	○	—
13	电池续航	5.2.6	6.3.6	○	—
14	电磁兼容	5.2.7	6.3.7	○	—
15	外壳防护等级	5.4.11	6.3.8	○	—
16	外观	5.4.12	6.3.9	○	○
17	随机振动	5.2.10	6.3.10	○	—
表中"○"为检测项目；"—"为不检测项目；外观检查两次，应为最初、最后工序，其他项目顺序不限。					

7.3 出厂检验

7.3.1 实施

每批产品的出厂检验由制造商质量检验部门进行逐件检验。

7.3.2 判定

出厂检验项目全部合格的产品准予出厂，并应附有产品质量合格证；出厂检验结果若有不合格项时，可对缺陷产品进行修复，修复后的产品需重新进行检验，检验合格后准予出厂。

7.4 型式检验

7.4.1 抽样

根据检验批的批量大小，如果批量小于等于3台，对该检验批进行全数检验，如果批量大于3台，抽取4台进行检测。

7.4.2 实施

型式试验在出厂检验合格的产品中抽取检验样品，应委托有资质的第三方检测部门检测。

有下列情况之一时，应进行型式试验：

a）新产品鉴定或定型投产前；

b）产品转厂生产时；

c) 正式生产后因结构、材料、工艺有较大改变可能影响产品性能时；

d) 产品停产 18 个月以上，恢复生产时；

e) 正常生产时，每 4 年至少进行一次的检验；

f) 出厂检验结果与上次型式检验结果差异较大；

g) 发生重大质量事故；

h) 国家质量监督机构提出进行型式检验要求时。

7.4.3 判定

检验结果全部符合本标准规定的要求，则判定该批产品合格。

检验中，若有某项不合格，应立即停止检验进行分析，找出原因并采取纠正措施，对不合格项加倍重新进行检验，若合格，则判该批产品合格。

8 标志、包装、运输、贮存

8.1 标志

应在专用监测终端外壳的显著位置按国家有关规定标示以下事项：

a) 专用监测终端的名称和型号；

b) 使用环境温度范围；

c) 电源类别和容量；

d) 制造厂名称；

e) 产品编号；

f) 出厂日期和生产批号。

8.2 包装

产品包装必须保证专用监测终端在运输、存放过程中不受机械损伤，并防潮、防尘。

包装箱内应有下列技术文件：

a) 产品合格证；

b) 产品使用说明书；

c) 产品备件和附件一览表。

8.3 运输

包装好的产品应适合铁路、公路及水路运输，运输过程中应防雨、防潮、避免强烈的振动与撞击。

8.4 贮存

宜存放在通风良好，无腐蚀性气体的仓库内。

温度：10 ℃ ～ 35 ℃；

湿度：20% RH ～ 80% RH；

贮存周期 ≤ 12 个月。

T/WWXT

文物保护装备产业化及应用
协同工作平台标准

T/WWXT 0040—2020

文物保护装备　智能特性评估　智能展柜

Cultural relics conservation equipment – Evaluation of
intelligence features – Intelligent showcase

2020-6-3 发布

文物保护装备产业化及应用协同工作平台　发布

前　言

本标准按照 GB/T 1.1—2020 给出的规则起草。

本标准由文物保护装备产业化及应用协同工作平台提出并归口。

本标准主要起草单位：机械工业仪器仪表综合技术经济研究所、上海博物馆、敦煌研究院、四川博物院、陕西历史博物馆、浙江大学、重庆声光电智联电子有限公司、西安元智系统技术有限责任公司、天津旺达文博展具有限公司。

本标准主要起草人员：吴亚平、方毅芳、宋彦彦、杨盼盼、徐方圆、刘刚、张孜江、马艺蓉、董亚波、张茂成、邓宏、全定可、信树娟。

本标准为首次发布。

文物保护装备 智能特性评估 智能展柜

1 范围

本标准规定了智能展柜的智能特性评估技术要求，包括测试要求、保护功能评估及展陈功能评估。

本标准为智能展柜的智能特性评估提供依据。

2 规范性引用文件

下列文件对于本文件的应用是必不可少的。凡是注日期的引用文件，仅所注日期的版本适用于本文件。凡是不注日期的引用文件，其最新版本（包括所有的修改单）适用于本文件。

GB 3095—2012 环境空气质量标准

GB/T 5700—2008 照明测量方法

GB/T 20485.12—2008 振动与冲击传感器校准方法

T/WWXT 0020—2015 馆藏文物展藏 智能文物展柜 技术要求

T/WWXT 0031—2020 文物保护装备 智能特性通用技术要求

3 术语和定义

下列术语和定义适用于本标准。

3.1

智能特性 intelligence characteristics

能够完成预定功能、任务，且能表现出与智能（如推理和学习）相类似的各种特征。

智能特征分为感知、监测与控制（监控）、适应与优化、互联互通、交互与协同、数据与信息服务、人工智能等方面。

［注：改写 GB/T 5271 28—2001，定义 28.01.02］

3.2

智能展柜 intellegent showcase

具有一项或多项智能特性、可用于文物保存或展陈的柜子。

3.3

比对测试 comparision test

对同一样本在相同或相近条件下采用不同设备进行测试。

3.4

检视 observation verification

通过人工观察、聆听、触摸等方式对产品特性进行检验。

4 总体要求

4.1 智能展柜的智能特性评估由评估人员通过评分的方式完成（见表2、表9），评分依据来自相关测试和主观评价。测试应优先采用专业标准测试方法（如照明、振动、环境监测等），也可根据实际情况采用其它合理方法，但方法应具有再现性或可重复性。

4.2 在进行比对测试过程中，应保证被测设备采样与测试设备采样结果组成一个数据对，至少获得6个测定数据对，计算被测设备采样与测试设备采样的相对误差，80%测定数据对的相对误差值不应超过标准值的最大相对误差。

4.3 评估工作可在博物馆正常照度和展柜正常使用下进行，评估人员不应少于 5 名，应包括专业人员和非专业人员。评估人员应独立评价打分，取算术平均值为评分结果。

5 测试要求

5.1 测试准备

用于比对测试的设备应符合下列规定：

a）检定合格并在有效期内，且有计量合格证书；

b）精度高于被测设备相关指标 1～2 个等级；

c）测试前应采用校准设备进行校准。

安装条件应符合下列规定：

a）展柜安装应符合文物安全要求，结构稳固、维护方便；

b）测试应优先在馆内进行，如测试需要改变展柜的安装位置，应先进行安全评估，可能会造成影响的，应放弃在馆内测试；

c）测试材料和设备不应对文物安全造成影响，测试过程中应配备自动灭火装置，并安装带防尘百叶窗的排气风扇。

5.2 测试要求

5.2.1 感知

智能展柜应能对自身状态及内外部环境变化进行探查，以实现感知，其测试可包括以下内容：

a）温湿度——应在同一时间和位置进行比对测试；

b）光照、紫外线——可参考《GB/T 5700—2008》；

c）气体（甲醛、二氧化碳、二氧化硫、TVOC 等）——可参考《GB 3095—2012》；

d）振动、开合——可参考《GB/T 20485.12—2008》；

e）生物——可采用红外或热成像装置进行测试。

5.2.2 监测与控制

智能展柜应能对自身运行状态及所处环境进行检测、记录与调控，以实现监测与控制，其测试可参考《T/WWXT 0020—2015 第 6 章》，具体如下：

a）自动湿度调控（6.2.1）；

b）空气质量净化（6.2.2）；

c）照明调控功能（6.2.5）；

d）环境控制性能（6.7）；

e）全程监控功能（6.2.8）。

此外，对展柜的电气传动功能，如自动开闭，悬挂装置上、下、左、右四个方向随意移动并定位，或上下随意调节并固定，可根据使用要求进行相应的联动测试。

5.2.3 适应与优化

智能展柜应能根据感知信息的变化自动改变相关参数，使展柜处于最佳运行状态，以实现适应与优化，如涉及到下述功能的可按照《T/WWXT 0020—2015》中的条款进行：

a）防盗报警功能（6.2.6）；

b）参数设置功能（6.2.7）。

5.2.4 互连互通

智能展柜之间及展柜与监控系统之间应能进行通信与信息集成，以实现互联互通，其测试可按照所采用的通信协议的相关测试规范进行，并依照以下要求：

a）数据采集传输在线率应在 90% 以上，传输稳定性在 99% 以上，当出现报文错误或丢失时，应能启动纠错逻辑，并要求重新发送报文；

b）可在需要时按规定的加密方法进行加密处理，保证数据传输的安全性，当一端请求连接另一端应进行身份验证；

c）可在系统稳定运行一个月后，进行数据传输正确性测试，任取其中不少于连续 7 天的数据进行检查，要求上位机接收的数据和本地采集、存储的数据完全一致；

d）可在连续一个月内，进行联网稳定性测试，记录出现的除通信稳定性、通信协议正确性、数据传输正确性以外的其他联网问题；

e）涉及无线通讯功能测试的可按照《T/WWXT 0020—2015 中》的 6.2.3 进行。

5.2.5 交互与协同

智能展柜应能以简单友好的方式与工作人员和观众进行信息交流，以实现交互与协同，根据互动和协同功能，其测试可采用检视的方法。

5.2.6 数据与信息服务测试

智能展柜可提供展柜使用过程中的各类信息，以实现数据与信息服务，其测试可采用检视的方法。

5.2.7 人工智能

智能展柜可通过对展陈、环境及观众行为的学习，自主调节运行状态，实现人工智能，根据所配置的 AI 系统或功能，其测试可按系统说明进行检视。

6 评估要求

6.2 评估流程

评估流程见"T/WWXT 0031—2020 文物保护装备 智能特性通用技术要求"

6.2 评估方法

6.2.1 概述

智能特性评估可结合测试、检视、问答、体验等方式对智能展柜的智能特性进行评分，已测试过的项目应提供测试报告作为评估依据，否则应进行实际测试，在技术和条件允许的情况下，应优先采用测试的方法，最后加总得到智能等级的综合评估结果，总评分内容如下表所示：

表 1 智能特性评分

序号 (i)	项目	权值 (λ)		评分 (a)			
		(λ_p)	(λ_d)	无	一般	较好	非常好
				0	1.0～3.9	4.0～7.9	8.0～10.0
1	感知	2.4	1.8				
2	监测与控制	2.4	1.8				
3	适应与优化	1.3	0.8				
4	互联互通	1.3	0.8				
5	交互与协同	0.9	1.9				
6	数据与信息服务	0.9	1.9				
7	人工智能	0.8	1.0				

注 1：总分为 $Z = \sum a_i \lambda$，式中 a_i 为左列各项评分，应对保护和展陈功能分别评分。

注 2：保护功能评分权值 λ 采用 λ_p，展陈功能评分权值 λ 采用 λ_d。

注 3：左列各项评分（$a_1 \sim a_7$）为下述各分表（表 2～表 8）得分之和。

6.2.2 感知

感知特性评估可依据下表进行：

表2 感知评分依据

序号 (i)	要求	无	一般	较好	非常好
		0	0.1~0.8	0.9~1.6	1.7~2.5
1	对象范围		温度、湿度、光照、振动、开合	温度、湿度、光照、振动、开合、气体（甲醛、二氧化碳、二氧化硫等）	温度、湿度、光照、紫外线、振动、开合、气体（甲醛、二氧化碳、二氧化硫、TVOC等）、生物
2	精度	/	1.5~2.5级	1.0~1.5级	<1.0级
3	灵敏度		1/5~1最小单位量程	1/10~1/5最小单位量程	<1/10最小单位量程
4	稳定性		连续工作时间<1年	1年<连续工作时间<2年	2年<连续工作时间
注：保护功能评分中对象范围可不包括光照，展陈功能评分中对象范围可不包括紫外线。					

该项得分为：$a_1 = \Sigma \, b_i$，式中 b_i 为左列各项评分。

6.2.3 监测与控制

监测与控制特性评估可依据下表进行：

表3 监测与控制评分依据

序号 (i)	要求	无	一般	较好	非常好
		0	0.1~0.8	0.9~1.6	1.7~2.5
1	整体功能		恒湿控制范围35%~70%、精度达到正负1.5%；空气质量净化，调控照明；环境控制；	恒湿控制范围30%~75%、精度达到正负1.5%；空气质量净化；全程监控；全程监控；监测观众数量	恒湿控制范围25%~80%、精度达到正负1.5%；空气质量净化；全程监控；紫外防护；监测观众数量；带电动执行机构
2	故障处理	/	断电保护；通电自启动	断电保护；通电自启动；故障报警	断电保护；通电自启动；故障报警；故障预测
3	远程操作		设备控制器；馆级监控平台	设备控制器；馆级监控平台；智能终端；地区级监控平台	设备控制器；馆级监控平台；智能终端；国家级监控平台
4	人机界面		按键、文本	按键、文本、图形	按键、文本、图形、多媒体
注：保护功能评分中整体功能不包括"监测观众数量"和"带电动执行机构"。					

该项得分为：$a_2 = \Sigma \, b_i$，式中 b_i 为左列各项评分。

6.2.4 适应与优化

适应与优化特性评估可依据下表进行：

表4 适应与优化评分依据

序号 (i)	要求	无	一般	较好	非常好
		0	0.1~0.8	0.9~1.6	1.7~2.5
1	信号补偿		温湿度补偿；光照校正；紫外线校正；	温湿度补偿；光照校正；紫外线校正；振动信号修正；	温湿度补偿；光照校正；紫外线校正；振动信号修正；气体信息融合；生物信息融合
2	设备容错	/	设备报警、中断运行	设备报警、维护提示、运行一段时间后中断	设备报警、维护指导、持续运行
3	自调整		根据环境和供电情况调整设备开启时间	根据环境和供电情况调整设备运行参数	根据环境和供电情况调整运行等级
4	状态预测		设备可用状态预测	设备可用状态预测、设备性能预测	设备可用状态预测、设备性能预测、设备寿命预测
注：	保护功能评分中信号补偿不包括"紫外线校正"和"生物信息融合"。				

该项得分为：$a_3 = \sum b_i$，式中 b_i 为左列各项评分。

6.2.5 互连互通

互连互通特性评估可依据下表进行：

表5 互连互通评分依据

序号 (i)	要求	无	一般	较好	非常好
		0	0.1~0.8	0.9~1.6	1.7~2.5
1	通信种类		支持现场总线、以太网、无线共1~2种	支持现场总线、以太网、无线共3~4种	支持现场总线、以太网、无线共5种以上
2	一致性	/	物理层	链路层	应用层
3	可互操作性		设备功能互换	改变配置、操作互换	不改变配置、操作互换
4	无线组网		手动更改配置	自动更改配置	自动更改和优化配置

该项得分为：$a_4 = \sum b_i$，式中 b_i 为左列各项评分。

6.2.6 交互与协同

交互与协同特性评估可依据下表进行：

表6 交互与协同评分依据

序号 (i)	要求	无	一般	较好	非常好
		0	0.1~0.8	0.9~1.6	1.7~2.5
1	易用性		专用软件工具	通用软件工具	通用设备
2	友好性	/	有限信息交互	多样信息交互	定制信息交互
3	及时性		刷新频率：周	刷新频率：日	刷新频率：小时
4	信息关联		有限查询	设备级	系统级

该项得分为：$a_5 = \Sigma \, b_i$，式中 b_i 为左列各项评分。

6.2.7 数据与信息服务

数据与信息服务特性评估可依据下表进行：

表7 数据与信息服务评分依据

序号 （i）	要求	无	一般	较好	非常好
		0	0.1~0.8	0.9~1.6	1.7~2.5
1	可用性		设备、展品、观众有限信息	设备、展品、观众较多信息	设备、展品、观众深度信息
2	及时性	/	每周更新	每天更新	即时更新
3	扩展性		数据统计	数据分析	数据挖掘
4	安全性		用户注册	用户注册、身份认证	用户注册、身份认证、防火墙

该项得分为：$a_6 = \Sigma \, b_i$，式中 b_i 为左列各项评分。

6.2.8 人工智能

人工智能特性评估可依据下表进行：

表8 人工智能评分依据

序号 （i）	要求	无	一般	较好	非常好
		0	0.1~0.9	1.0~1.9	2.0~3.3
1	自学习		一般算法、简单场景模型	一般算法、较多场景模型	深度算法、完备场景模型、专用计算芯片
2	自推理	/	修正报警信息	修正报警信息；检查历史记录	修正报警信息；检查历史记录；改进数据服务
3	自决策		运行时间调整	运行参数调整	组态调整

该项得分为：$a_7 = \Sigma \, b_i$，式中 b_i 为左列各项评分。

T/WWXT

文物保护装备产业化及应用
协同工作平台标准

T/WWXT 0041—2020

博物馆展柜玻璃

Museum showcase glass

2020-6-3 发布

文物保护装备产业化及应用协同工作平台　发 布

前　言

本标准依照 GB/T 1.1—2020 给出的规则起草。

本标准由文物保护装备产业及应用协同工作平台提出并归口。

本标准负责起草单位：上海博物馆、四川博物院、陕西历史博物馆、首都博物馆、北京玻名堂玻璃有限公司、机械工业仪器仪表综合技术经济研究所、中国南玻集团股份有限公司、重庆声光电智联电子有限公司、西安元智系统技术有限责任公司、中比博展（北京）陈列设备有限公司、天津旺达文博展具有限公司。

本标准主要起草人：徐方圆、张孜江、马艺蓉、索经令、张玉堂、方毅芳、张蕊、张茂成、邓宏、全定可、孙越、信树娟。

本标准为首次发布。

博物馆展柜玻璃

1 范围

本标准规定了博物馆展柜用玻璃的分类、技术要求、试验方法。

本标准适用于博物馆展柜玻璃。

2 规范性引用文件

下列文件对于本文件的应用是必不可少的。凡是注日期的引用文件，仅所注日期的版本适用于本文件。凡是不注日期的引用文件，其最新版本（包括所有的修改单）适用于本文件。

GB/T 2680—1994 建筑玻璃 可见光透射比、太阳光直接透射比、太阳能总透射比、紫外线透射比及有关窗玻璃参数的测定

GB/T 5137.3—2002 汽车安全玻璃试验方法 第3部分：耐辐照、高温、潮湿、燃烧和耐模拟气候试验

GB 10810.5—2012 眼镜镜片 第5部分：镜片表面耐磨要求

GB 11614—2009 平板玻璃 优等品相关规定

GB 15763.3—2009 建筑用安全玻璃 第3部分：夹层玻璃

GB 16776—2005 建筑用硅酮结构密封胶

GB 18582—2008 室内装饰装修材料内墙涂料中有害物质限量

GB/T 18915.1—2013 镀膜玻璃 第1部分：阳光控制镀膜玻璃

JGJ 113—2015 建筑玻璃应用技术技程

JC/T 915—2003 热弯玻璃

JC/T 2128—2012 超白浮法玻璃

JC/T 2166—2013 夹层玻璃用聚乙烯醇缩丁醛（PVB）胶片

JC/T 2170—2013 太阳能光伏组件用减反射膜玻璃

3 术语和定义

下列术语和定义适用于本标准。

3.1

博物馆展柜玻璃 museum showcase glass

专为博物馆展柜定制的玻璃。

3.2

超白浮法玻璃 ultra – clear float glass

采用浮法工艺生产的，成分中 Fe_2O_3 含量不大于 0.015%，具有高可见光透射比的平板玻璃。

［JC/T 2128—2012，定义3.1］

3.3

低反射玻璃 anti – reflective glass

是指在普通玻璃表面附加低反射系数的膜层材料，从而实现低可见光反射比进而一定程度增加可见光透射比的玻璃。

3.4

中间层 interlayer

介于两层玻璃和/或塑料等材料之间起分隔和粘接作用的材料，使夹层玻璃具有诸如抗冲击、阳光控制、隔音等性能。

［GB 15763.3—2009，定义3.1］

3.5

离子型中间层　Ionoplast interlayer

含有少量金属盐，以乙烯-甲基丙烯酸共聚物为主，可与玻璃牢固地粘接的中间层材料。

［GB 15763.3—2009，定义3.2］

3.6

PVB 中间层　PVB interlayer

以聚乙烯醇缩丁醛为主的中间层材料。

［GB 15763.3—2009，定义3.3］

3.7

夹层玻璃　laminated glass

是玻璃与玻璃和/或塑料等材料，用中间层分隔并通过处理使其粘结为一体的复合材料的统称。常见和大多使用的是玻璃与玻璃，用中间层分隔并通过处理使其为一体的玻璃构件。

［GB 15763.3—2009，定义3.5］

3.8

彩涂层　colour paint layer

在玻璃表面使用一定厚度的彩色硅胶涂料或者玻璃漆，起到遮挡型材的作用。

4　基本要求

4.1　博物馆展柜玻璃应选择夹层玻璃，宜使用低反射夹层玻璃。

4.2　展柜玻璃破裂后不应出现整体倒塌或者整体粉碎性破裂，其结构设计要具备硬度高、防自爆、防砸等功能。

4.3　边部应抛光处理，不允许存在磕边、掉角现象。

5　技术要求

5.1　材料要求

5.1.1　玻璃基片

5.1.1.1　普通无色透明玻璃外观质量不低于 GB 11614—2009 中优等品的有关规定。超白玻璃外观质量不低于 GB 11614—2009 中优等品的有关规定。低反射玻璃外观质量应符合 GB/T 18915.1—2013 中优等品的有关规定。各种类玻璃可见光透射比和可见光反射比应符合表1规定。

表1　各种类玻璃可见光透射比最小值和可见光反射比最大值

公称厚度 mm	可见光透射比 %			可见光反射比 %		
	普通无色透明玻璃	超白玻璃	低反射玻璃	普通无色透明玻璃	超白玻璃	低反射玻璃
2	89	91	94	9.5	9.5	4.9
3	88	91	94	9.5	9.5	4.9
4	87	91	94	9.5	9.5	4.9
5	86	91	94	9.5	9.5	4.9
6	85	90	94	9.5	9.5	4.9

表1（续）

公称厚度 mm	可见光透射比 %			可见光反射比 %		
	普通无色透明玻璃	超白玻璃	低反射玻璃	普通无色透明玻璃	超白玻璃	低反射玻璃
8	83	90	94	9.5	9.5	4.9
10	81	90	94	9.5	9.5	4.9

5.1.1.2 推荐使用超白玻璃或者低反射玻璃。

5.1.2 中间层

中间层材料可选用 PVB 中间层和离子型中间层。

5.2 成品玻璃性能要求

5.2.1 外观质量

外观质量应符合 GB 15763.3—2009 中 6.1 规定。低反射夹层玻璃膜层外观质量还应符合 GB/T 18915.1—2013 中 5.3.2 规定。

5.2.2 尺寸允许偏差

5.2.2.1 成品玻璃尺寸偏差应符合表 2 的规定。

表2 成品玻璃边长尺寸允许偏差

单位为毫米

公称厚度	边长（L）允许偏差	
	L＜3 000	L≥3 000
所有厚度	0 -1	0 -1.5

5.2.2.2 成品玻璃对角线尺寸允许偏差应符合表 3 的规定。

表3 成品玻璃对角线尺寸允许偏差

单位为毫米

公称厚度	对角线允许偏差		
	对角线≤2 000	2 000＜对角线≤3 000	对角线＞3 000
所有厚度	1	2	3

5.2.2.3 非钢化成品平板夹层玻璃叠差不允许存在。

5.2.2.4 成品热弯夹层玻璃尺寸偏差、吻合度、弧面弯曲偏差、扭曲、外观质量应分别符合 JC/T 915—2003 中 6.2、6.3、6.4、6.5、6.6 的要求。

5.2.3 光学性能

成品玻璃光学性能应符合表 4 规定，其中普通无色透明夹层玻璃黄色指数不做规定。

表4   光学性能指标允许范围

检测项目	普通无色透明夹层玻璃	超白夹层玻璃	低反射夹层玻璃
可见光透射比	>83%	>90%	>96.5%
可见光反射比	<9.5%	<9.5%	<1.5%
紫外线透射比	<1.2%	<1.2%	<0.5%
黄色指数	/	<0.5	<0.9
雾度	<0.2%	<0.2%	<0.2%
显色指数	>96.5%	>99%	>99%

5.2.4   弯曲度

成品玻璃弯曲度要求：弓形时应不超过0.1%，波形时应不超过0.1%。

5.2.5   安全性

耐热性、耐湿性、耐辐照性、落球冲击剥离性能、霰弹袋冲击性能（Ⅱ－2类）应符合 GB 15763.3—2009 中6.7、6.8、6.9、6.10、6.11 的要求。

5.2.6   低反射镀膜耐洗刷性能

耐洗刷性能应符合 JC/T 2170—2013 中5.8 的要求。

5.2.7   低反射镀膜耐磨性

耐磨性应符合 GB 10810.5—2012 中4.2 加强型要求。

5.2.8   低反射镀膜耐酸性

耐酸性应符合 GB/T 18915.1—2013 中5.7 的要求。

6   应用要求

6.1   展柜玻璃配置选择

6.1.1   沿墙柜用玻璃

沿墙柜展柜结构设计应该尽可能避免玻璃受到顶部结构的压力，从而减少玻璃受压变弯的情况发生。沿墙柜使用最低夹层玻璃配置应符合表5 的规定。

表5   沿墙柜使用最低夹层玻璃配置

宽度 mm	高　度 mm		
	H≤2 500	2 500<H≤4 000	4 000<H≤4 500
1 500	66.2、88.2、抗弯 55.1、抗弯 66.1、抗弯 88.1	88.2、抗弯 55.1、抗弯 66.1、抗弯 88.1	抗弯 66.1、抗弯 88.1
2 000			
2 500			
注1：66.2 为 6 mm＋0.76 mmPVB＋6 mm 的缩写，抗弯 55.1 为 5 mm＋0.89 mm 离子型中间层＋5 mm 的缩写，其他等同。			
注2：夹层玻璃配置的高低和等效厚度有关，等效厚度见附录 A。			
注3：其他规格玻璃配置选用，通过计算供需双方商定，计算方法见附录 B。			

沿墙柜固定门与开启门之间应保留适当的间隙，避免门关闭时，密封条挤压玻璃，造成玻璃弯曲。

6.1.2 平柜用玻璃

6.1.2.1 平柜顶盖玻璃

顶盖夹层玻璃配置应符合表6的规定。

表6 平柜顶盖使用最低夹层玻璃配置

长度 mm	宽度 mm		
	L≤1 500	1 500＜L≤2 500	2 500＜L≤3 000
500	55.2、66.2、88.2、抗弯55.1、抗弯66.1、抗弯88.1	55.2、66.2、88.2、抗弯55.1、抗弯66.1、抗弯88.1	55.2、66.2、88.2、抗弯55.1、抗弯66.1、抗弯88.1
1 000			
1 500			
2 000		88.2、抗弯55.1、抗弯66.1、抗弯88.1	
2 500			
3 000		88.2、抗弯55.1、抗弯66.1、抗弯88.1	抗弯55.1、抗弯66.1、抗弯88.1

注1：66.2 为 6 mm＋0.76 mmPVB＋6 mm 的缩写，抗弯55.1 为 5 mm＋0.89 mm 离子型中间层＋5 mm 的缩写，其他等同。

注2：夹层玻璃配置的高低和等效厚度有关，等效厚度见附录A。

注3：其他规格玻璃配置选用，通过计算供需双方商定，计算方法见附录C。

6.1.2.2 平柜立面玻璃

从柜体拼接外观质量上，立面玻璃应选用与顶盖玻璃相同的配置。

6.2 彩涂层材料

用于遮蔽型材使用的彩涂层材料应符合 GB 18582—2008 中对有毒有害物质限量的要求。

6.3 胶

粘接展柜玻璃应使用中性结构密封胶。在粘接型材和对玻璃进行彩涂处理前，应清洁型材和彩涂区域。与彩涂胶相接触并粘接型材的胶应使用中性硅酮类结构胶，宜使用双组份硅酮结构胶，符合 GB 16776—2005 的要求。粘接型材用胶不得使用聚氨酯胶。

6.4 包装运输

6.4.1 展柜玻璃应覆塑料薄膜保护，且表面应平整，端面应裁剪整齐。允许存在少量、较小的褶皱。

6.4.2 玻璃运输时，木箱不得平放或斜放角度（木箱与地平面的夹角）不得大于95°。

6.5 安装

6.5.1 安装前，需采取必要措施保护人身、财产安全，保障现场正常施工和工作。

6.5.2 开箱时，将玻璃箱固定好，以防倾翻。开箱后，只允许单块玻璃搬动，并确保箱内玻璃不会倾翻。

6.5.3 搬运玻璃的过程中，应穿戴防滑材质的手套。玻璃底边和顶部接触架子的位置都衬垫软质材料，防止展柜玻璃损坏。

6.5.4 展柜底部支撑结构要能承受展柜玻璃的重量，玻璃的底边必须有托底装置，不能与金属边框直接接触，不应使用四边无框结构。对于玻璃高度大于5000mm，宜使用顶部悬挂结构。

6.6 清洁

6.6.1 使用温和、快速挥发的中性清洗液，不应用研磨类洗涤剂、酸性或碱性洗涤剂作为清洁剂。

6.6.2　使用没有塑料、金属丝且不掉绒毛的无纺布。

6.6.3　在擦洗玻璃表面之前，需用水或清洗液预润湿玻璃表面，以疏松干燥的污垢和碎屑，不应让水或洗涤液残留在玻璃表面干燥。

6.6.4　擦拭玻璃时，不应将硬质颗粒物体夹在布和玻璃之间。

6.6.5　不应使用刮刀、刀片或任何锋利的工具，清除玻璃上污垢，可能划伤膜层或玻璃。

7　试验方法

7.1　试验条件

除特殊规定外，试验均应在下述条件下进行：

a）温度：（20±5）℃；

b）气压：（86～106）kPa；

c）相对湿度：（40～80）RH%。

7.2　外观检测

外观检测按下述方法进行：

a）玻璃基片按照 GB 11614—2009 中 6.5 规定的试验方法进行检测；

b）成品玻璃按照 GB 15763.3—2009 中 7.2 规定的试验方法进行检测；

c）低反射夹层玻璃膜层按照 GB/T 18915.1—2013 中 6.3 规定的试验方法进行检测。

7.3　尺寸检测

按照 GB 15763.3—2009 中 7.3 规定的试验方法进行检验。

7.4　光学检测

按照 GB/T 2680—1994 中规定的方法进行试验。

7.5　弯曲度

按照 GB 15763.2—2005 中 6.4 规定的试验方法进行试验。

7.6　耐热性

按照 GB 15763.3—2009 中 7.8 条规定的方法进行试验。

7.7　耐湿性

按照 GB/T 5137.3—2002 中第 7 章规定的要求进行。

7.8　耐辐照性

按照 GB 15763.3—2009 中 7.10 条规定的方法进行试验。

7.9　落球冲击剥离性能

按照 GB 15763.3—2009 中 7.11 条规定的方法进行试验。

7.10　霰弹袋冲击性能

按照 GB 15763.3—2009 中 7.12 条规定的方法进行试验。

7.11　低反射镀膜耐洗刷性能

按照 JC/T 2170—2013 中 6.7 条规定的方法进行试验。

7.12　低反射镀膜耐磨性

按照 GB 10810.5—2012 中 5.2 条规定的方法进行试验。

7.13　低反射镀膜耐酸性

按照 GB/T 18915.1—2013 中 6.7 条规定的方法进行试验。

附录 A
（规范性附录）
等效厚度

计算时选择的材料参数

玻璃：弹性模量 72 Gpa，泊松比 0.24；

离子型胶片：弹性模量 336 Mpa，剪切模量 112 Mpa（一个月），泊松比 0.499；

PVB 胶片：弹性模量 1.116 Mpa，剪切模量 0.372 Mpa（一个月），泊松比 0.499。

采用有限元软件的方法，进行不同配置玻璃挠度的计算，结果如表 A.1 所示。

表 A.1 博物馆玻璃等效厚度有限元计算结果

玻璃规格	挠度 mm	等效厚度 mm
3 mm + 0.89 mm 离子型中间层 + 3 mm 夹层玻璃	0.883	6.61
3 mm + 0.76 mmPVB + 3 mm 夹层玻璃	4.200	3.93
3 mm + 1.78 mm 离子型中间层 + 3 mm 夹层玻璃	0.697	7.15
3 mm + 1.52 mmPVB + 3 mm 夹层玻璃	4.320	3.89
4 mm + 0.89 mm 离子型中间层 + 4 mm 夹层玻璃	0.424	8.44
4 mm + 0.76 mmPVB + 4 mm 夹层玻璃	1.840	5.17
4 mm + 1.78 mm 离子型中间层 + 4 mm 夹层玻璃	0.368	8.85
4 mm + 1.52 mmPVB + 4 mm 夹层玻璃	1.880	5.14
5 mm + 0.89 mm 离子型中间层 + 5 mm 夹层玻璃	0.238	10.23
5 mm + 0.76 mmPVB + 5 mm 夹层玻璃	0.958	6.43
5 mm + 1.78 mm 离子型中间层 + 5 mm 夹层玻璃	0.221	10.49
5 mm + 1.52 mmPVB + 5 mm 夹层玻璃	0.978	6.39
6 mm + 0.89 mm 离子型中间层 + 6 mm 夹层玻璃	0.148	11.99
6 mm + 0.76 mmPVB + 6 mm 夹层玻璃	0.561	7.69
6 mm + 1.78 mm 离子型中间层 + 6 mm 夹层玻璃	0.144	12.10
6 mm + 1.52 mmPVB + 6 mm 夹层玻璃	0.572	7.64
8 mm + 0.89 mm 离子型中间层 + 8 mm 夹层玻璃	0.069	15.44
8 mm + 0.76 mmPVB + 8 mm 夹层玻璃	0.240	10.2
8 mm + 1.78 mm 离子型中间层 + 8 mm 夹层玻璃	0.072	15.23
8 mm + 1.52 mmPVB + 8 mm 夹层玻璃	0.244	10.15
10 mm + 0.89 mm 离子型中间层 + 10 mm 夹层玻璃	0.038	18.78
10 mm + 0.76 mmPVB + 10 mm 夹层玻璃	0.124	12.72
10 mm + 1.78 mm 离子型中间层 + 10 mm 夹层玻璃	0.025	18.24
10 mm + 1.52 mmPVB + 10 mm 夹层玻璃	0.126	12.65
10 mm 单片玻璃	0.255	10

由于玻璃的变形量与其厚度的立方成反比，因此夹层玻璃的等效厚度可采用下式 A.1 计算获得：

$$t_{eq} = \sqrt[3]{\frac{w_t}{w_v}} \times t \tag{A.1}$$

式中：

w_t—单片玻璃对应的挠度，单位为米（m）；

w_v—夹层玻璃对应的挠度，单位为米（m）；

t—单片玻璃的厚度，单位为米（m）；

t_{eq}—夹层玻璃的等效厚度，单位为米（m）。

在欧洲标准 prEN13474 中，计算挠度时，夹层玻璃的等效厚度用如下式 A.2 计算：

$$h_{ef,w} = \sqrt[3]{t_1^3 + t_2^3 + 12\Gamma I_s} \tag{A.2}$$

其中 $I_s = t_1 t_{s;1}^2 + t_2 t_{s;1}^2$ ；$t_s = 0.5(t_1 + t_2) + t_v$ ；$t_{s;1} = \dfrac{t_s t_1}{t_1 + t_2}$ ；$t_{s;2} = \dfrac{t_s t_2}{t_1 + t_2}$ ；

$$\Gamma = \frac{1}{1 + 9.6EI_s t_v / (G t_s^2 a^2)}$$

式中：

Γ —玻璃胶片的剪切力传递系数；

t_1—单片玻璃厚度，单位为米（m）；

t_2—单片玻璃厚度，单位为米（m）；

t_v—中间层胶片厚度，单位为米（m）；

G—中间层胶片的剪切模量，单位为米（m）；

E —玻璃的弹性模量，单位为帕（Pa）；

a —玻璃的最短弯曲方向长度，单位为米（m）。

附录 B
（规范性附录）
关于沿墙柜使用夹层玻璃配置计算

沿墙柜顶部钢结构，型材受自身重力的影响产生下坠，从而对沿墙柜玻璃产生斜向下压力，使玻璃产生挠度和应力。通过计算并与玻璃最大弯曲挠度设计值 3 mm 和长期载荷下玻璃强度设计值来对比，判定不同规格尺寸的沿墙柜选用何种配置的玻璃。

玻璃最大弯曲挠度（在顶端）用公式 B.1 计算：

$$f = \frac{4FL^2}{Ebh^3}$$ 　　（B.1）

式中：

f—玻璃最大弯曲挠度，单位为米（m）；

F—水平推力，单位为牛顿（N）；

L—玻璃高度，单位为米（m）；

E—玻璃的弹性模量，单位为帕（Pa）；

h—玻璃等效厚度，单位为米（m）；

b—玻璃宽度，单位为米（m）。

钢结构对玻璃的水平推力 F 用公式 B.2 计算：

$$F = \frac{G}{2} \times \frac{\Delta}{l}$$ 　　（B.2）

式中：

F—水平推力，单位为牛顿（N）；

G—每延米钢结构重力，单位为牛顿（N）；

$\triangle$—钢结构下垂度，单位为米（m），此处取 0.015 m；

l—顶部钢结构进深，单位为米（m），此处取值 0.8m。

玻璃最大应力（在底部边缘，假设底部固定）用公式 B.3 计算：

$$\sigma_{max} = \frac{6FL}{bh^2}$$ 　　（B.3）

式中：

σ_{max}—玻璃最大弯曲挠度，单位为米（m）；

F—水平推力，单位为牛顿（N）；

b—玻璃宽度，单位为米（m）；

L—玻璃高度，单位为米（m）；

h—玻璃等效厚度，单位为米（m）。

短期载荷下参考短期载荷下玻璃强度设计值，长期载荷下参考长期载荷下玻璃强度设计值。

在短期载荷下（3 天内），玻璃强度设计值如表 B.1 所示。

表 B.1 短期载荷下玻璃强度设计值

种类	厚度 mm	中部强度 Mpa	边缘强度 Mpa	端面强度 Mpa
平板玻璃	5～12	28	22	20
	15～19	24	19	17
	≥20	20	16	14

在长期载荷下（3个月以上），玻璃强度设计值如表 B.2 所示。

表 B.2 长期载荷下玻璃强度设计值

种类	厚度 mm	中部强度 Mpa	边缘强度 Mpa	端面强度 Mpa
平板玻璃	5～12	9	7	6
	15～19	7	6	5
	≥20	6	5	4

示例：

以沿墙柜玻璃规格 2 000 mm×3 000 mm，玻璃配置 6 mm + 0.76 mmPVB + 6 mm 长期等效厚度 7.69 mm 为例，其中型材单位重量 1 延米长重量为 30 kg，b 为型材长度 2000mm（即沿墙柜玻璃宽度）；△钢结构下垂度 0.015 m；l 顶部钢结构进深 0.8 m；E 取 72Gpa；L 为沿墙柜高度 3000mm；h 为玻璃的等效厚度 7.69mm。

计算结果如下：

型材重力 $G = b \times M \times g = 2 \times 30 \times 9.8 = 588\text{N}$

水平推力 $F = \dfrac{G}{2} \times \dfrac{\Delta}{l} = \dfrac{588}{2} \times \dfrac{0.015}{0.8} = 5.51\text{N}$

玻璃最大弯曲挠度：

$$f = \frac{4FL^2}{Ebh^3} = \frac{4 \times 5.51 \times 3 \times 3}{72 \times 10^9 \times 2 \times 0.007\,69 \times 0.007\,69 \times 0.007\,69} = 0.003\,03 \text{ m} = 3.03 \text{ mm}$$

玻璃最大应力：

$$\sigma_{\max} = \frac{6FL}{bh^2} = \frac{6 \times 5.51 \times 3}{2 \times 0.007\,69 \times 0.007\,69} = 838\,574 \text{ Pa} = 0.84 \text{ Mpa}$$

与玻璃最大弯曲挠度 3mm 比较，超出设定值，不满足要求。

附录　C
（规范性附录）
关于平柜使用夹层玻璃配置计算

顶盖玻璃可参考四边简支模型计算如图 C.1 所示，玻璃最大弯曲挠度及最大应力计算公式 C.1、C.2 如下：

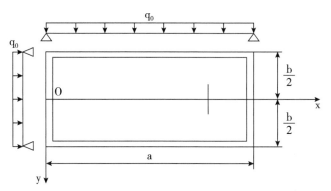

图 C.1　四边简支示意图

$$W_{max} = k \times \frac{q_0 b^4}{Et^3} \text{（在板中心）} \tag{C.1}$$

$$\sigma_{max} = f \times \frac{q_0 b^2}{t^2} \text{（在板中心）} \tag{C.2}$$

式中：

W_{max}——最大弯曲挠度，单位为米（m）；

σ_{max}——最大应力，单位为帕（Pa）；

k——常数，根据玻璃长宽比进行取值；

f——常数，根据玻璃长宽比进行取值；

q_0——均布荷载，单位为帕（Pa）；

b——图示玻璃的短边，单位为米（m）；

E——玻璃的弹性模量，单位为帕（Pa）；

t——玻璃等效厚度，单位为米（m）。

k，f 取值如表 C.1 所示。

表 C.1　参数表

a/b	1.0	1.2	1.4	1.6	1.8	2.0	3.0	4.0	5.0	∞
k	0.044 4	0.061 6	0.077 0	0.090 6	0.101 7	0.111 0	0.133 5	0.140 0	0.141 7	0.142 1
f	0.287 4	0.376 2	0.453 0	0.517 2	0.568 8	0.610 2	0.713 4	0.741 0	0.747 6	0.750 0

示例：

以平柜玻璃规格 2 000 mm×3 000 mm，玻璃配置 8mm＋0.76PVB＋8mm 长期等效厚度 10.2 mm，在长期载荷下为例。其中 L 为玻璃长度 3000mm，b 为玻璃宽度 2000mm，a/b 为长边比短边，k 取 0.090 6，f 取 0.517 2；q_0 均布荷载此处为玻璃自重载荷，ρ 玻璃密度 2500Kg/m³，h 玻璃总厚度（计算玻璃自重使用，此处仅考虑玻璃的总厚度，忽略中间层 PVB）；g 重力加速度；E 为玻璃的弹性模量 72Gpa；t 为等效厚度 10.2 mm。计算结果如下：

玻璃最大弯曲挠度：

$$W_{max} = k \times \frac{q_0 b^4}{Et^3} = 0.0906 \times \frac{392 \times 2 \times 2 \times 2 \times 2}{72 \times 10^9 \times 0.010\,2 \times 0.010\,2 \times 0.010\,2} = 0.007\,4 \text{ m} = 7.4 \text{ mm}$$

$$q_0 = \frac{\rho Lbhg}{Lb} = \frac{2\,500 \times 3 \times 2 \times 0.016 \times 9.8}{3 \times 2} = 392 \text{ Pa}$$

玻璃最大应力：

$$\sigma_{max} = f \times \frac{q_0 b^2}{t^2} = 0.5172 \times \frac{392 \times 2 \times 2}{0.010\,2 \times 0.010\,2} = 7\,794\,786 \text{ Pa} = 7.79 \text{ Mpa}$$

未超出长期载荷下玻璃强度设计值（9MPa），满足要求。

———————————